GERM.

A CULTURAL READER FOR THE FIRST YEAR

EDITED BY

PHILIP SCHUYLER ALLEN

Associate Professor of German Literature in the University of Chicago

NEW YORK

HENRY HOLT AND COMPANY

PREFACE

THE title-page of GERMAN LIFE indicates sufficiently the contents of the book. It deals exclusively with the various aspects of modern German life and social usage, it furnishes a working vocabulary for the student of present-day industry and achievement.

I do not believe that this type of German first reader is the only one from which the student may derive profit. But I do believe it to be the most important type; because surely it is necessary for the beginner to become acquainted with the real words which express actual, contemporary German living and doing before he comes to dwell in the world of romance and fable, fairy-tale and folklore, in the world of poetry, song, and old-fashioned symbol.

In my two German first readers which have preceded this one — *Herein* and *Daheim* — I make rather definite attempts to keep the language and the theme within the bounds set by the facts of genuine existence as now led in Germany. But in both these books I make certain concessions to prevailing practice. In *Herein* I break away finally from the true world of fact and present its counterfeit of fancy as portrayed by prose-writers and poets of the nineteenth century: I thus make the book a *graded* approach to the study of definitely literary German. In *Daheim* I am concerned to offer the student a collection of live sketches and stories which are told in a language absolutely colloquial and simple, which remain from first to last *on the same plane of ease and naturalness.*

Neither of these two readers, however, is a book to be

gone through page by page, nor are their stories necessarily
to be read in the order given in the book. Except for their
beginning pages, both *Herein* and *Daheim* are rather anthol-
ogies of desirable reading-matter than progressive readers
focused about a central idea.

GERMAN LIFE, on the contrary, is a carefully planned
series of short rubrics or chapters which advance by gradual
and regular steps from initial descriptions of the home and
home life to the consideration of the manifold activities of
the world without.

It goes without saying that the vocabulary of words necessary to describe so many-sided a life is not a small one,
nor have any special pains been taken to restrict the extent
of the vocabulary. I am impatient of any elementary German book, whose sole aim is to restrict the number of words
used in it. Such a book is certain to be noteworthy, not for
what it teaches, but for what it does not teach. And surely,
the more expressions the student can learn and *retain* the
better for him!

GERMAN LIFE employs a treble method for fastening its
expressions in the reader's mind. First, it presents its material in the form of concise categories. What one expects
to come next, actually does come. The whole context of
each short chapter is interrelated, is closely bound together.

Second, the progression from one chapter of the book to
another is a natural one. Much care has been taken to
avoid whimsical and irrelative digression in theme and
treatment. As much as possible each division of the book
grows out of the one preceding it.

Third, in addition to the constantly applied principle of
association of facts, their iteration is a prominent feature of
GERMAN LIFE. Key-words and important idiomatic phrases
are repeated over and over — not on the same page neces-

sarily, but in the chapters which follow the first mention of such words and phrases. Woodenness of expression is thus avoided, at the same time that the student has sufficient opportunity to drill upon what is essential.

The student then gains from a careful reading of GERMAN LIFE a valuable and up-to-date list of connected groups of words which will form the backbone of his later reading, writing, and speaking. Besides, these words are just the ones he will have frequent occasion to use in all his further work towards an adequate command of the German idiom.

The apparatus of GERMAN LIFE is self-explanatory. The Vocabulary is intended to be full and complete. No Notes seem to be necessary. The Fragen based upon the text are unusually numerous, with a view to offering the teacher whatever suggestions he may care to receive in the way of securing from the pupil a recital in German of the words of the author. A new departure in a book of this kind is the chapter Antworten, which gives the answers for which the students themselves must propound the questions. I have found this exercise particularly stimulating in my own class-room-work, because it leaves the initiative of speech where it should ever be: on the lips of the pupil himself.

Three German first readers in little more than three years! Where, then, is the end?

One more at least remains to be finished, one which is already taking shape: a book which tells in simple language the political history of the German nation. It is also probable at the present writing that a fifth (and last) elementary reading-book will appear: one which deals with the geography, topography, and racial characteristics of the social complex known as "Germany." The increasing interest in German as a cultural medium in our country gives every indication that such first readers as these just-named are a prime necessity. If my own hand falter in their making, all good luck to him who shall compass them!

A last word of thanks to those constant friends who have supported me in the launching of GERMAN LIFE. First of all to Dr. Paul H. Phillipson, the unwearied counselor. Then to Professor Chester N. Gould and to Mr. Erich von Schroetter for their yeoman service with MS. and proofs. I could wish no greater good to any one than the possession of such generous helpers.

PHILIP SCHUYLER ALLEN.

THE UNIVERSITY OF CHICAGO,
    June 1, 1914.

CONTENTS

PART ONE

German Sketches

PART TWO

German Dialogues

PART I

GERMAN SKETCHES

GERMAN SKETCHES

Das Haus

Unſer Haus hat neun Zimmer. Das gute Zimmer, das
Wohnzimmer, das Eßzimmer und die Küche ſind unten.
Zwei Schlafzimmer, ein Badezimmer und das Studierzimmer ſind oben. Ganz oben iſt noch ein Zimmer, das
Mädchenzimmer. Im Eßzimmer eſſen wir, im Studier- 5
zimmer ſtudieren wir, im Wohnzimmer wohnen wir, im
Schlafzimmer ſchlafen wir, im Badezimmer baden wir, in
der Küche kochen wir. Im guten Zimmer ſitzen wir, wenn
der Herr Paſtor kommt, oder der reiche Onkel oder die alte
reiche Tante. Im Mädchenzimmer ſchläft das Dienſtmäd- 10
chen.

Vorne im Hauſe iſt die Hausflur. Von der Hausflur
geht man in die Zimmer. In der Hausflur iſt die Treppe
mit einem Treppengeländer. Die Treppe führt zum erſten
Stock. Über dem erſten Stock iſt der Boden; über dem Bo- 15
den iſt das Dach, und auf dem Dach iſt der Schornſtein.
Unter dem Erdgeſchoß iſt der Keller.

An der Haustür iſt ein Schild; darauf ſteht: Prof. Dr.
Hausſchild. Neben dem Schild iſt eine elektriſche Klingel.

Unſer Haus iſt in der Bismarckſtraße; unſere Adreſſe iſt: 20
Bismarckſtraße zehn.

Es klingelt. Das Dienſtmädchen öffnet die Tür. Ein
Herr fragt: „Iſt der Herr Profeſſor zu Hauſe?“ Das
Dienſtmädchen antwortet: „Jawohl.“ „Ich bin der Schneider Fips,“ ſagt der Herr. „So?“ ſagt das Dienſtmädchen, 25
„ich bedaure ſehr, der Herr Profeſſor iſt nicht zu Hauſe.“

Das Studierzimmer

Mitten im Studierzimmer steht ein großer Schreibtisch. Auf dem Schreibtisch liegen und stehen Schreibutensilien: Löschblätter, Papier, Briefumschläge, Federhalter, Bleistifte und Tinte. Rechts und links im Schreibtisch sind 5 Schubladen. In der rechten Schublade liegen Briefe, Postkarten und Briefmarken und eine Tüte Bonbons. Wenn die Kinder artig gewesen sind, so ruft der Vater sie in das Studierzimmer. Er macht dann die rechte Schublade auf und gibt jedem Kind einen Bonbon. Darum nennen die 10 Kinder die rechte Schublade die gute Schublade. In der linken Schublade liegt ein großes Lineal. Die Kinder nennen die linke Schublade die böse Schublade. Mitten auf dem Schreibtisch steht eine große Studierlampe.

An der einen Wand des Studierzimmers sind Bücher-15 regale und Bücherschränke. Auf den Regalen und in den Schränken stehen viele hundert Bücher. Da stehen Goethes Werke, Schillers Werke, Heines Werke, Uhlands Werke, Shakespeares Werke, Byrons Werke usw.

Über den Bücherregalen und Bücherschränken hängen 20 Bilder von großen Dichtern: von Goethe, Schiller, Heine, Uhland, Shakespeare und Byron. Zwischen den Fenstern hängt ein großes Bild in einem goldenen Rahmen. Das ist das Bild Kaiser Wilhelms. Darunter hängt eine kleine Photographie, die Photographie des Vaters, als er Soldat 25 war.

An einer anderen Wand des Studierzimmers steht ein Sofa. Nach dem Mittagessen zündet der Vater die lange Pfeife an, legt sich auf das Sofa und liest Goethes „Faust." „Hm," sagt er, „dieser Goethe war doch ein großer Dichter, ein sehr großer Dichter, ja, ein sehr großer Dichter. Und ‚Faust‘ ist eine sehr große Dichtung, sehr groß, aber voll Mysterien, ja, sehr mystisch, sehr — — müde — — —.“

Unten in der Wohnstube aber sitzt die Tante und sagt: „Was ist das für ein Geräusch dort oben? Ich glaube, es bonnert.“

Das Schlafzimmer

Im Schlafzimmer steht ein großes Bett. In dem Bett ist eine Matratze. Die Matratze ist mit einem Bettuch bedeckt. Darüber liegt eine Decke, die mit Federn gefüllt ist. Oben auf dem Bett liegt ein Kopfkissen. Das Kopfkissen ist auch mit Federn gefüllt. Vor dem Bett liegt ein Bettvorleger. Neben dem Bett steht ein kleiner Tisch. Darauf steht eine Lampe und eine Weckuhr. An einer Wand des Schlafzimmers steht der Waschtisch. Auf dem Waschtisch steht das Waschgeschirr. Das Waschgeschirr besteht aus einer Waschschüssel, einem Wasserkrug und einer kleinen Schüssel für die Seife. Auf einem kleinen Brett über dem Waschtisch steht eine Flasche mit Wasser zum Trinken. Daneben sind ein Wasserglas, ein Glas, in dem die Zahnbürsten sind, eine Dose mit Zahnpulver, eine Haarbürste und ein Kamm. Neben dem Waschtisch ist der Handtuchhalter. Über dem Handtuchhalter hängen Handtücher. Mit den Handtüchern trocknet man Gesicht und Hände. Neben dem Waschtisch hängt eine Kleiderbürste. An einer anderen Wand des Schlafzimmers steht ein großer Schrank für Kleider. Ein solcher Schrank heißt Kleiderschrank. In dem Kleiderschrank hängen Anzüge oder Kleider. Unten im Kleiderschrank sind Schubladen für die Wäsche. Eine Schublade ist für die Oberwäsche, die andere für die Unterwäsche.

Neben dem Kleiderschrank steht noch ein kleiner Schrank für
die Schuhe. An der dritten Wand des Schlafzimmers steht
ein Diwan. Wenn man am Tage müde wird, so legt man
sich auf den Diwan.

5 Das Schlafzimmer hat zwei große Fenster. Von diesen
Fenstern kann man auf den Garten sehen. An den Fenstern sind Vorhänge und Gardinen. Wenn man abends zu
Bett geht, so zieht man die Vorhänge herunter. Zwischen
den Fenstern ist ein großer Spiegel.

10 An den Wänden hängen Bilder, meistens Familienbilder.
An der Wand über dem Bett hängt ein großer Gobelin.
Auf dem Gobelin ist ein großer schöner Engel mit goldenem
Haar und weißen Flügeln.

Das Hausgerät

Das gute Zimmer ist groß und hell. Es hat zwei große
15 Fenster und eine sehr große Tür — eine Flügeltür. An
den Fenstern sind weiße Vorhänge und weiße Gardinen.
Wenn die Sonne scheint, zieht man die Vorhänge herunter.
In der Mitte des Zimmers steht ein Tisch, neben dem Tisch
stehen zwei große Lehnstühle und an den Wänden stehen ge-
20 wöhnliche Stühle. Die Stühle sind rot gepolstert, und an
der Tür ist eine rote Portiere. Darum heißt das gute Zimmer auch das rote Zimmer. An der Wand hinter dem Tisch
steht ein Sofa, an der zweiten Wand steht das Klavier.
Über dem Klavier hängt ein großes Bild von Mozart, und
25 über dem Sofa hängen zwei Bilder, eins von Wagner und
eins von Beethoven. Auf dem Boden liegt ein großer
roter Teppich. Wenn die Tante kommt, setzt sie sich ans
Klavier und spielt etwas von Wagner oder Mozart. „Was,"

ruft der Herr Professor, „schon drei Uhr? Um drei Minu=
ten nach drei muß ich in der Bibliothek sein. Adieu!"

Im Wohnzimmer steht ein großer runder Tisch. Über
dem Tisch hängt eine Lampe, eine Hängelampe. Abends
sitzt die Familie um den Tisch. Einer liest, der andere
schreibt, der dritte lernt, der vierte tut nichts. An den
Wänden des Wohnzimmers hängen Familienbilder. Da
hängt der Großvater — ich meine das Bild vom Großvater,
— die Großmutter, der Onkel, die Tante, der Neffe, die
Nichte und so weiter. Zwischen den Fenstern hängt ein
großer Spiegel. In einer Ecke steht der Ofen. An der
Wand hinter dem Ofen hängt noch ein großes Bild, das
Bild der Schwiegermutter.

Im Eßzimmer steht ein Eßtisch, an der einen Wand steht
das Büfett, an der anderen steht ein kleiner Serviertisch.
Darauf liegt eine Decke, und auf der Decke steht: „Unser
täglich Brot gib uns heute." An der Wand hängt eine
Kuckucksuhr. Jede halbe Stunde kommt ein kleiner Kuk=
kuck aus der Uhr und ruft die Zeit aus.

Die Küche

Die Küche ist meistens hinten im Hause, nicht weit von
dem Eßzimmer. An einer Wand der Küche steht der Herd.
Der Herd wird mit Kohlen geheizt. Auf dem Herde steht
ein Kochtopf und eine Pfanne. Über dem Herde an der
Wand hängen noch mehr Kochtöpfe und Pfannen. Die
Köchin kocht das Essen auf dem Herde. Das Fleisch oder
die Kartoffeln werden in einem Kochtopf gekocht. Die Eier
werden in einer Pfanne gebraten. Unten im Herde ist der
Backofen. In dem Backofen werden Kuchen und Brot ge=

backen. An einer anderen Wand der Küche steht der Küchen=
tisch. Neben dem Küchentisch ist der Spülstein mit einem
Wasserhahn. Wenn man ein Glas Wasser haben will, so
öffnet man den Wasserhahn und hält das Glas darunter.
5 Auf dem Küchentisch bereitet die Köchin das Essen. Nach
dem Essen wäscht sie das Geschirr unter dem Spülstein. An
den Wänden der Küche sind Regale für das Geschirr. An
der Wand neben dem Küchentische ist ein Brett mit Haken.
An dem Brett sind vier kleine Schilder. Auf dem ersten
10 Schild steht „Messertuch," auf dem zweiten steht „Tellertuch,"
auf dem dritten steht „Gläsertuch" und auf dem vierten steht
„Handtuch." Mit dem Messertuch trocknet die Köchin die
Messer, die Gabeln und die Löffel; mit dem Tellertuch trocknet
sie die Teller, die Tassen und die Schüsseln; mit dem Gläser=
15 tuch trocknet sie die Gläser und mit dem Handtuch trocknet
sie die Hände.

In einer Ecke der Küche steht der Eisschrank. Oben im
Eisschrank liegt das Eis. Im Sommer kommt der Eis=
mann jeden Tag und bringt ein Stück Eis. Unten im
20 Eisschrank stehen Teller mit Fleisch, Wurst, Schinken und
Käse. Auch die Milch steht im Eisschrank, sonst wird sie
sauer.

Neben der Küche ist die Speisekammer. Hier stehen ein
Sack Kartoffeln, ein Sack Zucker, ein Sack Salz, ein Faß
25 Äpfel und noch vieles mehr, was die Köchin zum Kochen
braucht.

Als Knabe war ich einmal unartig. Ich war im Garten
gewesen, war auf den Apfelbaum geklettert und hatte Äpfel
genascht; dafür wollte mich meine Mutter bestrafen. Da
30 sperrte mich meine Mutter in die Speisekammer. Sie hat es
aber nie wieder getan.

Der Garten

In kleinen Städten ist fast bei jedem Hause ein Garten. Vor dem Hause ist ein Garten, ein Blumengarten. Im Blumengarten sind Beete mit Blumen. Rosen, Nelken, Tulpen, Hyazinthen, Geranien, Narzissen und Petunien wachsen im Blumengarten. In der Mitte des Gartens ist ein Becken mit Wasser, und in der Mitte des Wasserbeckens ist ein Springbrunnen. In dem Wasserbecken schwimmen Goldfische. Der Blumengarten ist die Freude der Hausfrau. Täglich pflückt sie Blumen und stellt sie auf den Tisch im Wohnzimmer. Wenn es nicht regnet, so begießt sie die Blumen. Um den Garten herum ist ein Gitter aus Eisen. Ganz vorne in dem Gitter ist eine kleine Tür, die Gartentür. Von der Gartentür führt ein Weg zum Hause.

Hinter dem Hause ist ein großer Garten. In der Mitte des Hintergartens ist ein großer Rasen, und in der Mitte des Rasens steht ein Apfelbaum. Um den Rasen herum führt ein Weg. In einer Ecke des Gartens ist eine Laube. Oft sitzt die Familie in der Laube und trinkt Kaffee. Die Fliegen summen und die Mücken stechen, der Kaffee wird kalt und Blätter fallen in die Milch. Aber jeder sagt: „Ach, wie schön ist es hier im Garten!" An den drei Seiten des Gartens sind Beete mit Kartoffeln, Spinat, Salat, Wurzeln, Peterfilie, Rüben, Sellerie usw. Solche Beete heißen Gemüsebeete, und der Garten heißt Gemüsegarten.

Der Gemüsegarten macht viel Arbeit, aber auch viel Freude. Jedes Mitglied der Familie hat seine Arbeit. Der eine nimmt den Schlauch und begießt das Gras und die Beete; der andere nimmt die Harke und harkt die Wege;

der dritte nimmt die Mähmaschine und mäht das Gras; der
vierte nimmt den Spaten und gräbt; der fünfte läuft von
einem zum anderen und sagt: „So mußt du es machen."

Der Tag

Um sechs Uhr morgens steht das Dienstmädchen auf.
5 Sie putzt die Schuhe und Stiefel der ganzen Familie —
und singt ein Lied dabei. Dann deckt sie den Tisch, den Früh=
stückstisch. Um halb sieben steht die Frau Professor auf.
Die Frau Professor macht den Kaffee; das Dienstmädchen
macht den Kaffee immer zu schwach. Um sieben Uhr stehen
10 der Herr Professor und die Kinder auf. Um halb acht sitzt
die Familie im Eßzimmer um den Eßtisch. Um acht Uhr
geht der Professor auf die Universität, und die Kinder gehen
in die Schule. Frau Professor geht in die Küche. Das
Dienstmädchen macht das Haus rein und macht die Betten.
15 Frau Professor inspiziert. Um zehn Uhr kommt der Brief=
träger und bringt vier Briefe: einen vom Onkel, einen vom
Großvater, einen von der lieben, reichen, alten Tante und
einen vom Schneider. Um halb elf geht das Dienstmädchen
auf den Markt, zum Krämer, zum Fleischer und, an der Ka=
20 serne vorbei, zum Delikatessengeschäft. Um elf kommt der
Professor nach Hause zum zweiten Frühstück. Um zwei Uhr
kommen die Kinder nach Hause. Nun ißt die Familie zu
Mittag. Um drei kommt die Tante, setzt sich an das Kla=
vier und spielt etwas von Mozart oder Beethoven. Der
25 Professor sagt: „Was! schon drei!" Dann geht er in die
Bibliothek. Die Kinder spielen draußen. Um fünf Uhr
sitzt die Familie schon wieder am Tisch und trinkt Kaffee.
Nach dem Kaffee machen die Kinder ihre Schularbeiten, der

Professor sitzt in seinem Studierzimmer, Frau Professor stopft Strümpfe und die Tante klatscht. Um acht sitzt die Familie beim Abendbrot. Um neun Uhr kommt Besuch — ein Kollege des Herrn Professor. „Ja, ja," sagt der Besuch — „Ja, so geht es," sagt Frau Professor; „Ja," sagt die Tante, „so geht es in der Welt." „Was! schon zehn," sagt der Professor. „Ja," sagt die Tante, „wirklich schon zehn." „Stimmt," sagt der Besuch, „es hat eben geschlagen. Was gibt es sonst Neues, Herr Professor?"

Die Straße

Wir wohnen an der Ecke der Bismarckstraße und Kaiser=straße. In der Bismarckstraße sind viele Privathäuser und nur wenige Geschäftshäuser. In der Kaiserstraße sind nur wenige Privathäuser, aber viele Geschäftshäuser. Die Mitte der Straße ist der Fahrdamm. Hier fahren Wagen, Auto=mobile und die elektrische Straßenbahn. An den Seiten der Straße sind die Bürgersteige. Hier gehen die Fußgän=ger. Wenn ein Fußgänger über den Fahrdamm geht, so muß er sehr aufpassen. Wenn er nicht aufpaßt, so kommt er unter die Wagen.

An beiden Seiten der Straße sind Geschäftshäuser mit Läden. Da ist ein Schuhladen, wo du Schuhe und Stiefel kaufen kannst; daneben ist eine Obsthandlung, wo du Bana=nen, Ananas, Kirschen, Aprikosen, Pfirsiche, Äpfel und Birnen kaufen kannst. In dem Laden daneben kannst du Hemden, Halsbinden, Kragen, Manschetten, Handschuhe, Unterwäsche und Strümpfe kaufen. Ein solcher Laden heißt Mode=basar. Dann kommt ein Delikatessenladen. Im Deli=katessenladen ist es sehr schön. Da kannst du Butter,

Käse, Wurst, Schinken, Speck und noch vieles mehr kaufen.
Wenn du viele Gäste haft, so gehst du in den Delikatessenladen und sagst: „Bitte, drei Pfund Oleomargarine." „Du
meinst wohl Butter," sagt der Delikatessenhändler. „Nein,"
5 sagst du, „wir haben heute Gäste." Neben dem Delikatessenladen ist die Apotheke. Der Apotheker verkauft Medizin,
Kamillentee, Hustenbonbons, Pflaster, Omegaöl usw. Im
Papierladen kaufst du Schreibpapier, Umschläge, Löschblätter, Stahlfedern usw. Der Zigarrenhändler verkauft dir
10 Zigarren und Tabak. Du mußt aber aufpassen, daß dich
dein Vater oder dein Lehrer nicht sieht. Nun kommen ein
Schirmladen, ein Fleischerladen, ein Milchladen und noch
viele, viele andere Läden. Jeder Laden hat ein Schaufenster,
so daß du weißt, was du in dem Laden kaufen kannst. Abends
15 sind die Schaufenster und die Straße hell erleuchtet.

Die Stadt

Viele Menschen, viele Häuser, viele Straßen, viel Leben,
das zusammen ist eine Stadt. Die Menschen, die in der
Stadt wohnen, sind die Einwohner der Stadt. Die Stadt,
in der wir wohnen, ist eine schöne Stadt. Sie hat schöne
20 Straßen, schöne Läden, gutes Pflaster, elegante Häuser und
freundliche Menschen.

Auf einem großen Platz in der Mitte der Stadt steht das
Rathaus. Der Platz heißt Rathausmarkt. Das Rathaus
ist ein stattliches Gebäude. Hier kommt der Stadtrat
25 zusammen und macht Gesetze für die Bürger. In dem
Rathaus sind auch die Amtszimmer für Wasser, Gas, Straßenreinigung, Steuern usw. Im Keller des Rathauses ist
ein Restaurant, der Ratskeller. Andere öffentliche Gebäude

sind das Polizeiamt, das Spritzenhaus, wo die Feuerspritzen
stehen, das Museum, die öffentliche Bibliothek, die Post,
das Standesamt, die öffentliche Badeanstalt, die Kirchen,
die Schulen, das Waisenhaus und der Bahnhof. Wenn
man böse ist, kommt man auf das Polizeiamt; wenn man 5
Briefmarken kaufen will, geht man auf die Post; wenn man
sich verheiraten will, geht man auf das Standesamt. „Wie
alt sind Sie, Fräulein?" fragt der Standesbeamte. „Sie-
benund ——— ich meine zweiundzwanzig," sagt die Braut.
Wenn man schwimmen will, geht man in die Badeanstalt; 10
wenn man beten will, geht man in die Kirche; wenn man
lernen will, geht man in die Schule; wenn man reisen will,
geht man zum Bahnhof und kauft eine Fahrkarte. Wenn das
Essen zu Hause nicht gut ist, zum Beispiel am Waschtag, so
sagt man: „Liebe Frau, ich habe heute keinen Appetit"; dann 15
geht man ein wenig in den Stadtpark und von dort in den
Ratskeller. So leben wir.

Die Uhr

Die Uhr zeigt die Zeit an. Wenn man wissen will, wie
spät es ist, so sieht man auf die Uhr. Wenn man aber keine
Uhr hat, fragt man jemanden, der eine Uhr hat: „Wieviel 20
Uhr ist es?"

Es gibt Taschenuhren, Standuhren, Wanduhren, Weck-
uhren und Turmuhren. Die Taschenuhr trägt man in der
Tasche; die Standuhr steht auf einem Sockel im Zimmer;
die Wanduhr hängt an der Wand; die Turmuhr ist auf dem 25
Kirchturm; die Weckuhr hat einen Wecker. Wenn wir um
fünf Uhr morgens aufstehen wollen, so stellen wir den Wecker
der Weckuhr auf fünf. Punkt fünf klingelt der Wecker der

Weckuhr. Wir stehen auf, werfen die Weckuhr aus dem
Fenster und schlafen weiter bis acht Uhr.

Jede Uhr hat ein Zifferblatt. Auf dem Zifferblatt stehen
die Ziffern von eins bis zwölf. In der Mitte des Zif=
5 ferblatts sind die Zeiger. Der Stundenzeiger zeigt die
Stunden an, der Minutenzeiger die Minuten und der Se=
kundenzeiger die Sekunden. Turmuhren, Standuhren und
Wanduhren schlagen jede halbe Stunde. Einige schlagen auch
jede Viertelstunde. Turmuhren, Standuhren und Wand=
10 uhren haben einen Pendel.

Die Taschenuhr hat ein Gehäuse aus Nickel, aus Silber
oder aus Gold. Über dem Zifferblatt ist das Uhrglas. In
dem Uhrgehäuse ist das Uhrwerk. In dem Uhrwerk ist eine
Feder. Die Uhrfeder treibt die Uhr. Wanduhren und
15 Turmuhren haben keine Feder. Das Uhrwerk dieser Uhren
wird durch Gewichte getrieben. Wenn die Uhr abgelaufen
ist, so muß man sie aufziehen. Einige Uhren müssen jeden
Tag aufgezogen werden, andere Uhren gehen acht oder vier=
zehn Tage lang.

20 Wenn eine Uhr nicht richtig geht, so bringt man sie zum
Uhrmacher. Der Uhrmacher repariert die Uhr. Wenn die
Feder gebrochen ist, setzt er eine neue Feder ein.

In unserem Wohnzimmer hängt eine Kuckucksuhr. Jede
halbe Stunde kommt ein kleiner Kuckuck heraus und ruft
25 die Zeit aus.

Die Zeit

Tag und Nacht haben zusammen vierundzwanzig Stun=
den. Während des Tages scheint die Sonne. Die Menschen
arbeiten vom Morgen bis zum Abend. Während der Nacht

ſcheinen der Mond und die Sterne. Menſchen und Tiere ſchlafen.

Der erſte Teil des Tages heißt Morgen. Ganz früh am Morgen kommt der Brotträger und bringt Brot. Der Milchmann kommt und bringt Milch. Der Zeitungsträger 5 kommt und bringt die Zeitung. Fleißige Menſchen ſtehen früh auf. Sie ſagen: „Früh zu Bett und früh wieder auf, das iſt der beſte Lebenslauf."

Um zwölf Uhr iſt der Morgen zu Ende. Dieſe Zeit heißt Mittag, weil ſie die Mitte des Tages iſt. Viele Menſchen 10 eſſen um zwölf Uhr ihr Mittageſſen.

Die Zeit nach Mittag bis es dunkel wird, heißt Nachmittag. Nach dem Nachmittag kommt der Abend. Am Abend zündet der Laternenanzünder die Laternen auf der Straße an. In den Häuſern werden die Lampen angezündet und 15 die Menſchen eſſen ihr Abendbrot.

Ein paar Stunden nach dem Abendbrot gehen die Menſchen zu Bett. Einige Menſchen brauchen nicht viel Schlaf. Sie ſchlafen fünf bis ſechs Stunden. Andere ſchlafen länger. Wer ſehr lange ſchläft, iſt ein Langſchläfer. Der Nacht- 20 wächter ſchläft am Tage. Als ich zur Schule ging, nannte mich der Lehrer immer Nachtwächter.

Um zwölf Uhr beginnt die Nacht. Zwölf Uhr am Tage heißt Mittag; zwölf Uhr nachts heißt Mitternacht. Morgens ſagen die Menſchen „Guten Tag," abends ſagen ſie 25 „Guten Abend" und wenn ſie zu Bett gehen, ſagen ſie „Gute Nacht."

Eine Stunde hat ſechzig Minuten und eine Minute hat ſechzig Sekunden. Die Uhr zeigt die Stunden, die Minuten und die Sekunden an. 30

Die Sonne geht des Morgens auf und des Abends unter.

Die Zeit kurz vor Sonnenaufgang heißt Morgendämme=
rung. Die Zeit kurz nach Sonnenuntergang heißt Abend=
dämmerung.

Die Woche

Die Tage der Woche heißen: Sonntag, Montag, Diens=
5 tag, Mittwoch, Donnerstag, Freitag und Samstag. Der
Sonntag ist ein Feiertag. Die Menschen ruhen sich aus oder
gehen in die Kirche. Die meisten Läden und Geschäfte sind
geschlossen. Nachmittags geht man spazieren oder macht
Besuche. Der Onkel, die Tante, der Großvater, die Groß=
10 mutter, der Vetter und die Cousine kommen auf Besuch.
Die übrigen Tage der Woche sind Werktage. An den Werk=
tagen arbeiten die Menschen.

Am Montag gehen die Kinder wieder in die Schule. Im
Hause ist große Wäsche, das Sonntagsessen wird aufge=
15 wärmt und der Herr Vater ist so beschäftigt, daß er zum Essen
nicht nach Hause kommen kann.

Am Dienstag wird die Wäsche gebügelt, die Strümpfe
werden gestopft und Knöpfe werden angenäht. Der Herr
Vater geht jeden Dienstag in den Klub.

20 Mittwoch ist ein schöner Tag. Nachmittags ist keine
Schule. Abends dürfen die Kinder bis neun Uhr aufbleiben.
Jeden Mittwoch gehen die Eltern ins Theater.

Am Donnerstag geht das Mädchen aus. Die Mutter
muß alle Arbeit im Hause allein besorgen. Die Kinder
25 müssen ihr helfen. Marie muß den Tisch decken und das
Geschirr waschen. Fritz muß zum Krämer, zum Fleischer
und zum Bäcker gehen.

Freitags kommt die Post aus Amerika. Die Verwandten
aus Amerika schreiben, wie schön es drüben ist, wieviel Geld

man drüben verdienen kann, wie niedrig die Steuern in Amerika sind, wie frei und glücklich jeder Mensch in Amerika lebt.

Samstag ist ein interessanter Tag. Nachmittags ist keine Schule. Die Mutter steht am Kochofen und backt 5 Kuchen. Dann und wann kommt Fritz in die Küche. Er will sehen, ob die Mutter es gut macht. Abends sitzt die ganze Familie um den Tisch. Der Vater erzählt Geschichten oder die Mutter liest etwas vor.

Sonntag fängt die Woche wieder an. 10

Das Jahr

Das Jahr hat dreihundert fünfundsechzig Tage. Das Jahr hat zwölf Monate. Das Jahr hat zweiundfünfzig Wochen. Jedes vierte Jahr ist ein Schaltjahr. Das Schaltjahr hat einen Tag mehr als das gewöhnliche Jahr. Die zwölf Monate heißen: Januar, Februar, März, April, 15 Mai, Juni, Juli, August, September, Oktober, November, Dezember. Von den zwölf Monaten haben sieben Monate einunddreißig Tage, vier Monate haben dreißig Tage und der Monat Februar hat achtundzwanzig oder neunundzwanzig Tage. 20

Januar ist der erste Monat des Jahres. Am ersten Januar ist Neujahr. Am siebenundzwanzigsten Januar ist Kaisers Geburtstag.

Februar ist der Monat der Maskenbälle. Februar ist der Karnevalmonat. 25

Am einundzwanzigsten März ist Wintersende und Frühlingsanfang. An diesem Tage sind Tag und Nacht gleich lang.

Im April fangen die Blumen an zu blühen, und das Gras wird grün. Der erste April ist ein Narrentag. Das Oster= fest ist auch im April.

Am ersten Mai ziehen viele Leute um. Dieser Tag heißt 5 auch der Umziehtag.

Am einundzwanzigsten Juni ist Frühlingsende und Som= mersanfang. Der einundzwanzigste Juni ist der längste Tag.

Der vierte Juli ist ein großer Feiertag in Amerika. Man 10 nennt diesen Tag Unabhängigkeits=Tag.

Der August ist ein sehr heißer Monat. Die Schulen sind geschlossen. Die Kinder haben Ferien.

Am zweiten September ist die Sedanfeier. An diesem Tage haben die Deutschen in der Schlacht bei Sedan über 15 die Franzosen gesiegt.

Oktober ist der Erntemonat. Der Bauer erntet das Korn. Äpfel, Birnen, Nüsse und Trauben werden im Ok= tober reif.

Im November feiern die Amerikaner ein Erntefest. Man 20 nennt es Danksagungsfest. Jedes vierte Jahr wählen die Amerikaner einen neuen Präsidenten.

Am einundzwanzigsten Dezember ist Herbstende und Win= tersanfang. Am fünfundzwanzigsten ist Weihnachten.

Die Zeitung

Jeden Morgen und jeden Abend kommt eine Zeitung. 25 Der Zeitungsträger trägt die Zeitungen von Haus zu Haus. Jeder wartet auf die Zeitung, denn in der Zeitung steht immer etwas Neues und Interessantes. Auf der ersten Seite stehen Nachrichten aus der Stadt und aus dem Lande.

Der Kaiser besucht den Kronprinzen in Danzig. Der Reichskanzler war beim Kaiser zur Audienz. Der Bürgermeister
von Köln ist gestorben. Der neue amerikanische Gesandte
ist angekommen. In Berlin ist ein neues Denkmal gebaut
worden. Das alles und noch vieles mehr steht auf der ersten 5
Seite.

Nun wollen wir uns die zweite Seite ansehen.

Auf der zweiten Seite stehen politische Nachrichten und
Nachrichten aus dem Ausland. Wilson ist Präsident ge-
worden. Auf der Balkanhalbinsel ist Krieg ausgebrochen. 10
Im Palast des Königs von Spanien ist eine Bombe geplatzt.
Die Frauenrechtlerinnen haben das Parlamentgebäude an-
gezündet usw.

Jetzt sehen wir uns die dritte Seite an.

Auf der dritten Seite stehen Personalnachrichten, Thea- 15
ternachrichten, Geschäftsnachrichten, Sportnachrichten usw.
Da steht, daß Fräulein Wurm sich mit Herrn Fisch verlobt
hat, daß der Opernsänger Brüller schlecht gesungen hat, daß
das Geschäft Blaumacher und Kompanie bankrott gemacht
hat und daß morgen das große Hurdlerennen stattfindet. 20

Was wohl auf der vierten Seite steht?

Auf der vierten Seite stehen Inserate und Geschäftsanzeigen. Frau Direktor Schreier sucht ein neues Dienstmädchen. Es muß kochen, waschen, bügeln, nähen und sticken
können; Baron von Oben sucht einen Chauffeur. Er muß 25
unverheiratet sein und darf nicht trinken. Hast du schon
einmal einen Chauffeur gesehen, der nicht trinkt? Ich nicht.
Schneidermeister Fips hat neue Stoffe aus England bekommen. Beim Delikatessenhändler Fettmann kosten die
Eier morgen nur eine Mark das Dutzend. 30

Alles das steht in der Zeitung und noch vieles mehr.

Das Wetter

Im Frühling schmelzen Schnee und Eis und die Sonne scheint warm. Das Wetter ist milde. Oft fällt ein warmer Regen vom Himmel und macht das Gras grün. Es regnet aber nicht sehr lange; nach einer halben Stunde scheint
5 die Sonne schon wieder. Oft gibt es Sonnenschein und Regen zu gleicher Zeit. Die Leute sagen dann: „Das Wetter weint mit einem Auge und lacht mit dem anderen." Zuweilen kommt auch ein Gewitter. Schwarze Wolken bedecken den Himmel. Es donnert und blitzt. Das Gewitter
10 zieht bald vorüber, und die treue Sonne scheint wieder hell und freundlich.

Im Sommer ist das Wetter sehr heiß. Häufig ziehen Gewitter am Himmel auf. Es wird ganz dunkel, und die Luft ist schwül. Der Donner rollt, und grelle Blitze zucken
15 am Himmel. Zwischen Donner und Blitz zählen die Leute: „Eins, zwei, drei, vier" usw. Wenn sie zwischen Donner und Blitz bis zehn zählen können, so sagen sie: „Das Gewitter ist zehn Meilen entfernt." Wenn Donner und Blitz zusammen kommen, so ist das Gewitter in der Nähe. Zuweilen
20 schlägt der Blitz in ein Haus und zündet das Haus an. Nach dem Gewitter ist die Luft kühl und frisch. Menschen und Tiere atmen wieder frei.

Im Herbst ist das Wetter oft rauh. Der Himmel ist grau. Es regnet und stürmt dann ganze Tage. Zuweilen
25 hagelt es auch. Hagelkörner so groß wie Taubeneier schlagen gegen die Fenster und zerbrechen die Fensterscheiben. Der Sturm fegt durch die Straßen der Stadt, und der Staub fliegt auf. Die Menschen bleiben in ihren Häusern. Sie zünden ein Feuer im Ofen an, braten Äpfel am Feuer,

knacken Nüsse, essen Weintrauben und sagen: „Wie schön ist es im Herbst!"

Im Winter ist das Wetter kalt. Das Wasser gefriert. Es schneit und schneit und schneit. Die Schneeflocken werden immer größer, und bald sind Straßen und Dächer mit Schnee 5 bedeckt. Die Kinder sagen: „Frau Holle schüttelt die Betten," und die großen Menschen sagen: „Donnerwetter, das nenne ich Winter!"

Das Geld

Viele Geschäfte geben keinen Kredit. Sie verkaufen nur gegen bar. Wer etwas gegen bar kaufen will, muß Geld 10 haben, und wer Geld haben will, muß Geld verdienen. Das meiste Geld verdienen der Bankier, der Großkaufmann und der Fabrikant. Der Kaufmann verkauft seine Waren mit Profit. Der Profit ist sein Verdienst. Der Professor, der Lehrer, der Postbeamte und noch viele mehr erhalten für 15 ihre Arbeit ein Salär. Der Arbeiter erhält seinen Lohn.

Viele Menschen verdienen mehr Geld als sie zum Leben gebrauchen. Sie sparen Geld. Das gesparte Geld bringen sie auf die Sparkasse. Die Sparkasse bezahlt Zinsen. Einige Sparkassen bezahlen zwei Prozent Zinsen, andere bezahlen 20 drei oder sogar vier Prozent. Wer die Zinsen in der Sparkasse stehen läßt, erhält Zinseszinsen.

Es gibt zwei Sorten Geld: Münzen und Papiergeld. Münzen sind aus Gold, aus Silber, aus Nickel und aus Kupfer. Die kleinste Münze ist der Pfennig. Hundert 25 Pfennig sind eine Mark. Drei Mark sind ein Taler. Zwanzigmarkstücke und Zehnmarkstücke sind aus Gold; Fünfmarkstücke, Dreimarkstücke, Zweimarkstücke, Einmarkstücke und Fünfzigpfennigstücke sind aus Silber; Zwanzigpfennigstücke,

Zehnpfennigstücke und Fünfpfennigstücke sind aus Nickel;
Zweipfennigstücke und Einpfennigstücke sind aus Kupfer.
Eine Mark ist beinahe soviel wie ein amerikanischer Viertel=
dollar. Ein Pfennig ist beinahe soviel wie ein viertel Cent
5 amerikanisches Geld.

Papiergeld ist leichter zu tragen als Münzen. Es
gibt Fünfmarkscheine, Zehnmarkscheine, Zwanzigmarkscheine,
Fünfzigmarkscheine, Hundertmarkscheine, Fünfhundertmark=
scheine und Tausendmarkscheine.

10 Wenn man reist, muß man viel Geld haben, denn das
Reisen ist teuer. Man muß auch viel Kleingeld haben,
denn Kellner, Gepäckträger und Droschkenkutscher wollen ein
Trinkgeld haben. Wer aus Amerika kommt und nur
amerikanisches Geld hat, der geht zum Geldwechsler. Der
15 Geldwechsler wechselt das amerikanische Geld gegen deutsches
Geld um.

Fuhrwerk

Droschken, Equipagen und Automobile sind Fuhrwerk.
Droschken und Equipagen werden von Pferden gezogen;
Automobile haben einen Motor, der mit Benzin getrieben
20 wird. Droschken werden in der Regel von einem Pferd ge=
zogen, Equipagen von zwei. Equipagen sind auch besser und
eleganter als Droschken. Droschken und Equipagen haben
zwei oder vier Sitze und einen Sitz für den Kutscher. Der
Sitz für den Kutscher heißt Kutscherbock. Der Kutscher hält
25 die Zügel des Pferdes und eine Peitsche. An der Seite des
Kutscherbockes sind die Laternen. Wenn es dunkel wird,
zündet der Kutscher die Laternen an. In der Droschke
hängt eine Karte. Darauf steht der Tarif. An dem Tarif
können die Fahrgäste sehen, wieviel sie bezahlen müssen.

Droschken und Equipagen sind entweder offen oder ge= schlossen. Wenn ein Fahrgast einsteigen will, so macht der Kutscher den Wagenschlag auf und sagt: „Bitte, Herr Baron!"

Es gibt zwei Sorten Droschken: Droschken erster Klasse 5 und Droschken zweiter Klasse. Die Droschken erster Klasse sind besser, aber auch etwas teurer als die Droschken zwei= ter Klasse. Viele Droschken sind Taxameter. Taxameter= droschken haben eine Uhr, welche zeigt, wieviel der Fahrgast bezahlen muß. Die Fahrt in einer Droschke zweiter Klasse 10 kostet fünfzig Pfennig für das erste Kilometer und zehn Pfennig für jedes weitere Kilometer. Wenn der Fahrgast aussteigt, so bezahlt er die Taxe und gibt dem Kutscher oder dem Chauffeur ein Trinkgeld. Was diese Leute mit dem Trinkgeld tun, weiß ich nicht. 15

Automobile fahren schneller als Droschken und Equipagen, aber sie kosten auch mehr. Im Automobil können vier bis sieben Personen sitzen. Der Führer des Automobils heißt Chauffeur oder Automobilfahrer. Jedes Automobil hat ein Signalhorn. Mit dem Signalhorn gibt der Chauffeur den 20 Fußgängern ein Zeichen, Platz zu machen.

Vor jedem großen Bahnhof ist ein Droschken= und Auto= mobilstand.

Die elektrische Straßenbahn

Vorne steht der Führer. Er führt den Straßenbahnwagen. Hinten steht der Schaffner. Der Schaffner kollektiert das 25 Fahrgeld und ruft die Namen der Straßen aus. Drinnen im Wagen sitzen die Fahrgäste. Wenn ein Fahrgast einsteigen will, so gibt er dem Führer ein Zeichen mit der Hand. Der Führer hält dann den Wagen an. Wenn der Fahrgast ein=

geſtiegen iſt, gibt der Schaffner dem Führer ein Zeichen mit
der Glocke. Dann fährt der Führer weiter. Wenn ein Fahr=
gaſt ausſteigen will, ſo gibt er dem Schaffner ein Zeichen.
Nun gibt der Schaffner dem Führer wieder ein Zeichen, der
5 Wagen hält wieder an und der Fahrgaſt ſteigt aus. Jeder
Fahrgaſt muß Fahrgeld bezahlen. Der Schaffner nimmt das
Fahrgeld ein und gibt dem Fahrgaſt einen Fahrſchein. Auf
dem Fahrſchein ſteht: „Quittung über zehn Pfennig" oder
„Quittung über fünfzehn Pfennig." Wer nicht ſehr weit
10 fährt, bezahlt zehn Pfennig; wer weit fährt, bezahlt fünfzehn
Pfennig. Oft bekommt der Schaffner von dem Fahrgaſt
ein Trinkgeld. Wenn der Schaffner fünf Pfennig Trinkgeld
bekommt, dann ſagt er: „Danke ſehr"; wenn er aber zehn
Pfennig Trinkgeld bekommt, dann ſalutiert er und ſagt:
15 „Vielen Dank."
Wenn ein Fahrgaſt nicht im Wagen ſitzen will, ſo kann
er draußen beim Schaffner ſtehen. Jeder Fahrgaſt im In=
nern des Wagens erhält einen Platz. Wenn alle Plätze im
Wagen und beim Schaffner beſetzt ſind, darf kein Fahrgaſt
20 mehr einſteigen. Er muß dann warten, bis der nächſte
Wagen kommt. Oft kommt ein Kontrolleur. Der Kontrol=
leur kontrolliert die Fahrſcheine. Wer keinen Fahrſchein
hat, muß ausſteigen. Jeder Wagen hat eine Nummer.
Nummer 1 fährt nach dem Rathausmarkt, Nummer 2 fährt
25 nach dem Stadtpark, Nummer 3 fährt nach der Poſt, Num=
mer 4 fährt nach dem Bahnhof, Nummer 5 fährt nach dem
Muſeum, Nummer 6 fährt nach der Bibliothek, Nummer
7 fährt nach der Univerſität. Wer mit der Straßenbahn
fahren will, wartet an der Halteſtelle. Die Deutſchen ſagen
30 nicht: „Ich fahre mit der elektriſchen Straßenbahn"; ſie ſagen:
„Ich fahre mit der Elektriſchen."

Auf der Eisenbahn

Ein Eisenbahnzug besteht aus der Lokomotive, dem Kohlenwagen, dem Gepäckwagen, dem Postwagen und den Personenwagen. Ein Zug ist entweder ein Personenzug oder ein Schnellzug. Ein Personenzug fährt nicht sehr schnell. Er hält in jeder Stadt und in jedem Dorfe an. Ein Schnellzug fährt schnell. Er hält nur in größeren Städten an. Außer den Schnellzügen und Personenzügen gibt es auch Güterzüge. Güterzüge befördern keine Personen, sondern nur Güter oder Waren.

Man kann erster, zweiter, dritter und vierter Klasse reisen. Die Sitze in einem Abteil erster Klasse sind rot, die Sitze in einem Abteil zweiter Klasse sind grau, die Sitze in den Abteilen dritter und vierter Klasse sind aus Holz. Oft sind im Abteil vierter Klasse gar keine Sitze; die Reisenden sitzen dann auf ihrem Gepäck. In einem Abteil dritter Klasse können acht Reisende sitzen, in einem Abteil zweiter Klasse können sechs Reisende sitzen und in einem Abteil erster Klasse vier Reisende. Millionäre, Prinzen und Amerikaner reisen oft erster Klasse. Reiche Kaufleute und Militärbeamte reisen zweiter Klasse; Beamte, Professoren, Lehrer und Geschäftsleute reisen dritter Klasse, Handwerker und Bauern reisen vierter Klasse. Eine Fahrkarte vierter Klasse ist sehr billig; eine Fahrkarte erster Klasse ist sehr teuer. Jeder Zug hat Abteile für Frauen, Abteile für Raucher und Abteile für Nichtraucher. Reisende, welche rauchen wollen, dürfen nicht im Abteil für Frauen und nicht im Abteil für Nichtraucher sitzen.

Wer reisen will, geht an die Fahrkartenausgabe und löst eine Fahrkarte.. Dann geht er zur Gepäckannahme und gibt

sein Gepäck auf. Wenn der Zug anhält, so steigt er ein.
Sein Handgepäck nimmt er mit in den Abteil. Bald kommt
der Zugführer und sagt: „Bitte, die Fahrkarten!"

Am Bahnhof

In der Mitte des Bahnhofs ist eine große Halle. Rechts
5 von der Halle sind zwei große Zimmer, die Wartezimmer.
Hier sitzen die Reisenden und warten auf ihren Zug. Das
eine ist das Wartezimmer erster und zweiter Klasse. Dieses
Wartezimmer ist für Reisende, die erster oder zweiter Klasse
fahren. In dem anderen Wartezimmer sitzen die Reisen=
10 den, die dritter oder vierter Klasse fahren. In jedem Warte=
zimmer ist ein Büfett. Wer hungrig oder durstig ist, kann
im Wartezimmer essen oder trinken. Er ruft dann den
Kellner und sagt: „Kellner, ein Beefsteak mit Kartoffeln
und ein Glas Milch."

15 Links von der Halle sind Fenster, und hinter jedem Fen=
ster sitzt ein Beamter. Dieser Beamte verkauft Fahrkarten.
Über einem Fenster steht „Fahrkartenausgabe erster und zwei=
ter Klasse," über dem anderen steht „Fahrkartenausgabe drit=
ter und vierter Klasse." Am Ende der Halle ist der Raum,
20 wo das Gepäck der Reisenden angenommen wird. Auf einem
Schild steht: „Gepäckannahme." Die Gepäckträger tragen
das Gepäck der Reisenden. In einem anderen Teil des
Bahnhofs ist das Amtszimmer des Bahnhofsvorstehers und
das Telegraphenamt.

25 Hinten in der Halle ist eine Tür, die auf den Bahnsteig
führt. Vor dieser Tür steht ein Beamter und sagt: „Die
Fahrkarte, bitte!" Ohne Karte kann man nicht auf den
Bahnsteig. Wer auf den Bahnsteig will, um einen Freund

abzuholen, muß eine Bahnsteigkarte kaufen.   Eine Bahn=
steigkarte kostet zehn Pfennig.

Auf dem Bahnsteig steht ein Mann mit einer Glocke.
Das ist der Portier.   Wenn ein Zug kommt, so läutet er
mit der Glocke und ruft: „Einsteigen in der Richtung Berlin!" 5
Bald steht der Zug, einige Reisenden steigen aus, andere
steigen ein.   Nun kommt der Bahnhofsvorsteher.   In der
Hand hat er eine Signalscheibe.   Wenn er die Signalscheibe
hebt, so tut die Lokomotive einen Pfiff, und der Zug fährt
ab. 10

Das Restaurant

Im Restaurant kann man Frühstück, Mittagessen oder
Abendbrot bekommen.   Morgens, mittags und abends ist
das Restaurant besetzt.   Viele der Gäste sind Reisende; an=
dere sind Geschäftsleute, die keine Zeit haben, nach Hause zu
gehen.   Wer keine Zeit hat, zum Essen nach Hause zu gehen, 15
ißt im Restaurant.   Das Restaurantessen ist nicht so gut
wie das Essen zu Hause, aber es ist besser als gar nichts.
Im Restaurant stehen viele Tische und Stühle.   Auf jedem
Tisch liegt eine weiße Tischdecke.   Einige Tische sind klein,
und nur zwei Personen können an diesen Tischen essen, an= 20
dere sind groß genug für vier oder sechs Personen.   Auf jedem
Platz liegen ein Messer, eine Gabel, ein Suppenlöffel, ein
Teelöffel und eine Serviette.   In der Mitte des Tisches
stehen eine Dose mit Salz, eine Dose mit Pfeffer, eine Dose
mit Zucker und ein Topf mit Senf.   Auf jedem Platz liegt 25
auch eine Speisekarte.   Auf der Speisekarte stehen die Namen
und die Preise der Speisen.   Jetzt kommt ein Kellner an den
Tisch und sagt zu dem Gast: „Mein Herr?"   Das sind nur
zwei Worte, aber diese zwei Worte bedeuten: „Mein Herr,

sagen Sie mir, was Sie zu essen wünschen; ich bringe Ihnen alles." Nun bestellt der Gast. Er sagt: „Fleischsuppe, Beef= steak mit Bratkartoffeln, Spargel, Salat, Kaffee und Ku= chen." Der Kellner geht in die Küche und kommt bald mit 5 dem bestellten Essen zurück. Er trägt alles auf einem Ser= vierbrett. Dann bedient er den Gast. Nach dem Essen winkt der Gast dem Kellner und sagt: „Bitte, die Rechnung." Auf der Rechnung steht: „Den 20sten Juli. Eine Portion Suppe, 50 Pfennig; eine Portion Fleisch, 60 Pfennig; eine 10 Portion Gemüse, 30 Pfennig; Kaffee, 20 Pfennig; Kuchen, 30 Pfennig. Summe 2 Mark 10 Pfennig." Der Gast rechnet nach. „Was," ruft er, „das stimmt nicht. Sie haben zwanzig Pfennig zuviel gerechnet. Sie haben das Datum mitgerechnet." Der Kellner entschuldigt sich. Der Gast be= 15 zahlt die Rechnung und steht auf. „Kein Trinkgeld?" sagt der Kellner zu sich selbst. „Kellner," sagt der Gast, „der 20ste Juli ist Ihr Trinkgeld. Adieu."

Das Hotel

Wenn ein Reisender in eine fremde Stadt kommt, so geht er in ein Hotel. In einem Hotel sind viele Zimmer. 20 Die meisten Zimmer sind Schlafzimmer. In jedem Zim= mer steht ein Bett, ein Tisch, ein Waschtisch und ein Schrank. Vor dem Bett liegt ein Bettvorleger. Einige Hotels haben elektrische Beleuchtung, andere haben Gasbeleuchtung. Jedes Zimmer hat eine Nummer.

25 Unten in der Hausflur ist der Portier. Der Portier emp= fängt die Gäste. Er sorgt auch für das Gepäck der Gäste. Wenn ein Gast kommt, so ruft er den Oberkellner. Der Oberkellner trägt einen schwarzen Frack und eine weiße

Halsbinde. Der Oberkellner zeigt die Zimmer. Wenn der Gast ein Zimmer gefunden hat, so trägt er seinen Namen ein, das heißt, er schreibt auf einen Zettel, wie er heißt, was sein Geschäft oder seine Profession ist und woher er kommt. Der Hausknecht bringt das Gepäck auf das Zimmer des Gastes. Jeden Morgen kommt das Zimmermädchen und bringt das Zimmer in Ordnung. Sie bringt auch Wasser zum Waschen und Wasser zum Trinken. Wenn der Gast hungrig ist, so geht er in den Speisesaal. Der Speisesaal ist unten. Der Gast setzt sich an einen Tisch und bestellt das Essen. Der Kellner serviert das Essen. Spät abends stellt der Gast seine Stiefel vor die Tür seines Zimmers und hängt seine Kleider draußen an die Tür. Der Hausknecht reinigt die Schuhe und bürstet die Kleider aus.

Wenn der Gast auf seinem Zimmer essen will, so drückt er auf die elektrische Klingel. Wenn er einmal drückt, kommt das Zimmermädchen; wenn er zweimal drückt, kommt der Kellner; wenn er dreimal drückt, kommt der Hausknecht. Wenn der Gast abreisen will, so sagt er es dem Portier. Der Oberkellner gibt ihm die Rechnung. Der Gast bezahlt die Rechnung. Jeder Angestellte bekommt nun ein Trink= geld. Der Oberkellner bekommt ein Trinkgeld, weil er Ober= kellner ist; der Portier, weil er den Gast empfangen hat; der Hausknecht, weil er die Kleider und Schuhe des Gastes ge= reinigt hat; das Zimmermädchen, weil sie das Zimmer in Ordnung gebracht hat.

Die Kirche

Jeden Sonntag von zehn bis zwölf Uhr morgens ist Got= tesdienst. Die Leute ziehen dann ihre besten Kleider an und gehen in die Kirche. Drei große Türen führen in die Kirche.

Das Innere der Kirche ist sehr schön. Die Sonne scheint durch hohe Fenster mit bunten Fensterscheiben. Das Dach der Kirche wird von Pfeilern getragen. Der Teil zwischen den Pfeilern der Kirche heißt das Schiff. Im Kirchenschiff
5 stehen die Kirchenstühle. Auf jedem Kirchenstuhl liegt ein Gesangbuch. Vorne in der Kirche steht der Altar. Auf dem Altar liegt eine schöne gestickte Altardecke. Rechts über dem Altar ist die Kanzel des Predigers. Eine kleine Treppe führt zur Kanzel hinauf. In einem anderen Teil der Kirche
10 ist eine Galerie. Hier steht die große Orgel; rechts und links von der Orgel sind Plätze für den Chor.

Der Organist spielt die Orgel, die Chorknaben singen Choräle und Hymnen. Der Prediger predigt. Die Gemeinde betet. Der Küster hält die Kirche in Ordnung.
15 Nach der Predigt reicht er den Klingelbeutel herum. Jedes Mitglied der Gemeinde wirft etwas Geld in den Klingelbeutel: fünf Pfennig, zehn Pfennig, eine Mark, so viel oder wenig er hat. Zuweilen findet der Küster auch einen Knopf in dem Klingelbeutel.

20 Vor Anfang des Gottesdienstes läuten die Glocken auf dem Kirchturm. Sie läuten den Gottesdienst ein. Wenn die große Uhr auf dem Kirchturm zehn schlägt, so hören die Glocken auf zu läuten. Wenn die Turmuhr zwölf schlägt, so läuten die Glocken den Gottesdienst aus. Während des
25 Gottesdienstes müssen alle Läden in der ganzen Stadt geschlossen sein.

Nur ein böser Mensch hat die Hintertür seines Ladens auf. Das ist derselbe Mann, der einen Knopf in den Klingelbeutel geworfen hat.

30 Die meisten Kirchen in Deutschland sind protestantisch oder katholisch.

Der Beruf

Wer Mediziner werden will, muß Medizin studieren. Er studiert Medizin auf der Universität. In Deutschland studiert ein Student der Medizin vier Jahre lang. Einige studieren sogar fünf Jahre lang. Nachdem der Student das medizinische Studium beendet hat, macht er das Doktor- 5 examen. Wenn er das Doktorexamen bestanden hat, so darf er den Titel Doktor vor seinen Namen setzen. Wenn er als Arzt praktizieren will, muß er das Staatsexamen machen.

Ein Student, der Jurist werden will, muß drei oder vier Jahre Jurisprudenz studieren. Dann macht er sein 10 juristisches Doktorexamen. Als Jurist kann er Rechts- anwalt oder Richter werden. Der Rechtsanwalt gibt seinen Klienten Rat oder er verteidigt sie im Gericht. Ein Rechts- anwalt, der im Gericht einen Klienten verteidigt, heißt Ver- teidiger. 15

Wenn ein Student Lehrer am Gymnasium oder an der Universität werden will, so studiert er Philosophie, Sprachen, Geschichte oder Naturwissenschaft. Nach drei, vier oder fünf Jahren macht er das Staatsexamen und dann sein philoso- phisches Doktorexamen. Wenn er das Staatsexamen be- 20 standen hat, so wird er Lehrer an einem Gymnasium. Wer Privatdozent an einer Universität werden will, schreibt eine gelehrte Abhandlung. Nachdem er einige Jahre Privatdo- zent gewesen ist, kann er Professor an der Universität werden.

Wer Theologe werden will, studiert Theologie. Nach- 25 dem er drei, vier oder fünf Jahre Theologie studiert hat, macht er sein theologisches Doktorexamen. Nun wird er Prediger oder Pastor an einer Kirche.

Wer Ingenieur, Chemiker oder Architekt werden will,

studiert an einer technischen Hochschule. Das technische
Studium dauert auch von drei bis fünf Jahren. Der
Ingenieur baut Maschinen, Eisenbahnen, Tunnels oder
Brücken. Der Chemiker macht chemische Analysen, der
5 Architekt zeichnet Pläne für Häuser.

Das Schulzimmer

In dem Schulzimmer sind Bänke oder Stühle, darauf
sitzen die Schüler. Vor den Bänken oder den Stühlen sind
Tische, darauf legen die Kinder ihre Hefte, wenn sie schreiben,
und ihre Bücher, wenn sie lesen. Wer lesen will, muß ein
10 Buch haben.

In den Tischen sind Tintenfässer. In dem Tintenfaß ist
die Tinte. Die Tinte ist schwarz oder blau, sie kann auch
grün oder rot sein. Wer schreiben will, muß Papier und
Feder haben. Mit Feder und Tinte schreiben die Knaben
15 und die Mädchen in ihre Schreibhefte.

An den Wänden des Schulzimmers sind Haken oder
Nägel; daran hängen die Kinder ihre Mützen, Hüte und
Mäntel.

In den Tischen sind auch Fächer; darin liegen die Bücher,
20 Hefte und Federkasten. Auch das Butterbrot, das die gute
Mutter ihrem Liebling mitgegeben hat, liegt da. Die Mützen
und Hüte kommen nicht in die Fächer hinein, sie hängen an
den Haken bei den großen Fenstern.

Vor den Schulbänken steht das Pult des Lehrers. Nicht
25 weit davon ist die Wandtafel. Die Wandtafel ist schwarz.
An diese schreibt der Lehrer mit Kreide. Die Kreide ist
weiß.

In der Schule lernen wir Lesen und Schreiben, Rechnen,

Turnen und anderes. Wenn die Schule aus ist, gehen wir nach Hause.

Der Hof hinter dem Schulhause heißt der Schulhof. Auf diesem Hofe spielen die Kinder, wohl hundert Knaben und hundert Mädchen. Die Knaben spielen gern Blindekuh oder 5 Verstecken, oder gar Krieg. Die Mädchen spielen Ball oder tanzen einen Ringeltanz.

Das Gymnasium

Das Gymnasium hat neun Klassen. Die neun Klassen heißen: Serta, Quinta, Quarta, Untertertia, Obertertia, Untersekunda, Obersekunda, Unterprima, Oberprima. Serta 10 ist die unterste Klasse, Oberprima ist die oberste Klasse. Die Schüler des Gymnasiums sind Sertaner, Quintaner, Quartaner, Untertertianer, Obertertianer, Untersekundaner, Obersekundaner, Unterprimaner, Oberprimaner.

Auf dem Gymnasium lernen die Schüler Lateinisch, 15 Griechisch, Französisch, Deutsch, Geographie, Zoologie, Botanik, Chemie, Physik, Mathematik, Religion, Singen, Zeichnen und Turnen. Der Unterricht im Lateinischen beginnt in der Serta, der Unterricht im Französischen in der Quinta, der Unterricht im Griechischen in der Quarta. 20 Wenn der Schüler in die Serta kommt, ist er neun Jahre alt; wenn er aus der Prima kommt ist er achtzehn Jahre alt. Wenn ein Schüler fleißig ist, so wird er in die nächste Klasse versetzt; wenn er aber faul ist, wird er nicht versetzt; er bleibt dann sitzen. Jedes halbe Jahr ist eine Prüfung. 25 Wenn ein Schüler die Prüfung besteht, so wird er versetzt. Jedes halbe Jahr bekommt der Schüler ein Zeugnis. Wenn er fleißig ist, bekommt er ein gutes Zeugnis; wenn er aber

faul ist, bekommt er ein schlechtes Zeugnis. Der Vater muß
das Zeugnis unterschreiben.

　　An dem Gymnasium unterrichten Lehrer, Oberlehrer und
Professoren. Die Lehrer, die Oberlehrer und die Professoren
5 sind das Lehrerkollegium. Alle Lehrer des Gymnasiums
haben auf der Universität studiert. Jede Klasse hat einen
Klassenlehrer. Der Leiter des Gymnasiums heißt Direk=
tor. Wenn ein Oberprimaner das Gymnasium verläßt und
seine Reifeprüfung besteht, so erhält er ein Reifezeugnis.
10 Auf dem Reifezeugnis steht, daß der Schüler reif ist, die Uni=
versität zu besuchen. Der Schüler wird jetzt Student.

Die Universität

　　Auf der Universität studiert man Philosophie, Sprachen,
Geschichte, Mathematik, Naturwissenschaften, Medizin, Ju=
15 risprudenz und Theologie. Wer ein Gymnasium durchge=
macht hat, kann die Universität besuchen. Die Universität
hat vier Fakultäten: Philosophie, Theologie, Jurisprudenz
und Medizin. Wer Professor oder Lehrer werden will, stu=
diert in der philosophischen Fakultät; wer Theologe werden
20 will, studiert in der theologischen Fakultät; der Jurist stu=
diert in der juristischen Fakultät und der Mediziner in der
medizinischen Fakultät.

　　Der neue Student muß immatrikulieren, das heißt, er
muß seinen Namen, seine Adresse, seine Religion und sein
25 Studium angeben; dann muß er sein Zeugnis vorzeigen und
endlich muß er dem Rektor der Universität die Hand geben.
Der Handschlag ist das Versprechen, den Gesetzen der Uni=
versität zu gehorchen.

　　Vor dem Gebäude der Universität hängt das schwarze

Brett. Am schwarzen Brett sind die Listen der Vorlesungen und der Professoren. Der neue Student sucht nun die Vorlesungen aus, die er besuchen will. Er kann so viele Vorlesungen besuchen, wie er will. Die Vorlesungen finden in den Hörsälen statt. Der Professor sitzt vorne auf dem 5 Katheder, die Studenten sitzen auf Bänken und machen Notizen. Zweimal jedes Semester muß der Student die Vorlesungen besuchen; die übrige Zeit kann er tun, was er will. Das Studium auf der Universität dauert drei bis sechs Jahre. Nachdem das Studium beendet ist, macht 10 der Student gewöhnlich das Doktorexamen. Wenn er das Doktorexamen bestanden hat, erhält er das Doktordiplom.

Viele Studenten gehören Studentenverbindungen an. Im ersten Jahre sind solche Studenten oft nicht sehr fleißig. Sie gehen nur selten in die Vorlesungen. Auf dem Gymna= 15 sium war die Disziplin sehr strenge, hier auf der Universi= tät ist das Leben frei.

Im Schuhladen

Im Schuhladen kauft man Damenschuhe und Damenstiefel, Herrenschuhe und Herrenstiefel, Kinderschuhe und Kinder= stiefel, Lackschuhe und Lackstiefel, Tanzschuhe, Gummischuhe 20 und Pantoffel. Schuhe, Stiefel und Pantoffel nennt man auch Fußzeug. An den Wänden des Schuhladens sind Re= gale. In den Regalen stehen Schachteln, und in den Schach= teln ist das Fußzeug. Auf jeder Schachtel steht eine Nummer, die Nummer der Schuhe oder Stiefel. Wer einen kleinen 25 Fuß hat, trägt eine kleine Nummer; wer einen großen Fuß hat, trägt eine große Nummer. In der Mitte des Ladens steht der Ladentisch. Vor dem Ladentisch stehen Bänke und

Schemel. Hinter dem Ladentisch steht der Verkäufer. Wenn
ein Käufer in den Laden kommt, macht der Verkäufer ein
freundliches Gesicht und sagt: „Womit kann ich dienen, mein
Herr?"

5   Wenn der Käufer ein Paar Schuhe kaufen will, so muß er
sich auf die Bank vor dem Ladentisch setzen. Dann muß er
einen Schuh ausziehen. Nun, nimmt der Verkäufer ein
Maß und mißt den Fuß des Käufers. Dann geht er an
eins der Regale und nimmt eine Schachtel heraus. Aus
10   der Schachtel nimmt er ein Paar Schuhe. Der Verkäufer
paßt jetzt die Schuhe an. Wenn die Schuhe nicht groß ge=
nug sind, so muß er ein zweites Paar anpassen. Endlich
findet er ein passendes Paar. Der Käufer fragt nach dem
Preis und bezahlt. Wenn der Preis sehr hoch ist, so sagt er
15   vielleicht: „Der Preis ist mir zu hoch; können Sie mir die
Schuhe nicht etwas billiger lassen?" „Nein, ich bedaure,"
antwortet der Verkäufer, „wir haben feste Preise." Der
Verkäufer packt die Schuhe ein, und der Käufer bezahlt und
verläßt den Laden.

20   Hinten im Laden ist eine Werkstatt. Hier sitzt ein Schu=
ster und repariert Fußzeug. Wenn die Absätze schief sind, so
macht er sie gerade; wenn das Oberleder zerrissen ist, so setzt
er einen Flicken auf; wenn ein Knopf abgerissen ist, so näht
er einen neuen Knopf an.

Beim Doktor

25   Doktor Braun sitzt in seinem Sprechzimmer. Von drei
bis vier hat er Sprechstunde. Die Patienten sitzen im
Wartezimmer. Der eine hat Kopfschmerzen, der zweite
Magenschmerzen, der dritte hat Halsschmerzen, der vierte

hat Rückenschmerzen. Alle haben sie Schmerzen, alle sind
sie krank. Jeder hat eine andere Krankheit und jeder sagt:
„Meine Krankheit ist die schlimmste."

Dr. Braun sitzt an seinem Schreibtisch. Ein Mann
kommt in das Sprechzimmer. Der Doktor fühlt ihm den 5
Puls. Dann sagt er: „Zeigen Sie die Zunge." „Hm,"
sagt er dann, „Ihr Puls ist ziemlich hoch und Ihre Zunge
ist belegt. Haben Sie Kopfschmerzen?" „Kopfschmerzen?
Nein," antwortet der Mann. „Können Sie gut schlafen?"
fragt der Doktor. „Ja, sehr gut," sagt der Mann. „Se- 10
hen Sie oft grün?" fragt der Doktor wieder. „Ob ich grün
sehe?" fragt der Mann, „nein, ich sehe nicht grün." „Wo
haben Sie denn Schmerzen?" fragt der Doktor. „Schmerzen," sagt der Mann, „ich habe keine Schmerzen." „Aber
warum kommen Sie denn zu mir?" fragt der Doktor end- 15
lich. „Ich bin Agent für die Prudential, unsere Gesellschaft ist die beste" — — weiter kommt der Mann nicht.
„Hinaus!" ruft der Doktor; „der nächste, bitte."

Der nächste Patient muß auch die Zunge zeigen, der Doktor fühlt ihm den Puls und verschreibt dann eine Medizin. 20
So geht es weiter, bis die Sprechstunde vorüber ist. Dann
setzt sich der Doktor in seinen Wagen und macht Besuche,
Patientenbesuche. Er hat eine große Praxis. Er muß viele
Patienten behandeln. Einer hat die Masern; ein zweiter,
Diphtheritis; ein dritter, Typhus; ein vierter, Cholera; 25
ein fünfter, Schwindsucht; ein sechster, Scharlach usw. Spät
abends kommt der arme Doktor nach Hause. Da klingelt
das Telephon. Jemand hat ein Bein gebrochen. Der Doktor muß sofort kommen.

Und der Doktor kommt sofort. 30
Doktoren sind die Wohltäter der Menschen.

Auf der Post

Am Postplatz steht das Postgebäude. Das Postgebäude
ist ein großes und schönes Gebäude. Es ist drei Stock hoch.
Über dem Eingang ist ein großer goldener Adler und über
dem Adler steht mit goldenen Buchstaben: „Kaiserliche Post."
5 In der Mitte des Gebäudes ist eine große Halle. An der
rechten Seite der Halle sind viele Fenster, und hinter jedem
Fenster sitzt ein Beamter in Uniform. Über einem Fenster
steht „Briefmarkenausgabe." Es gibt Einpfennigmarken,
Zweipfennigmarken, Dreipfennigmarken, Fünfpfennigmar=
10 ken, Zehnpfennigmarken usw. Auch Postkarten kann man
hier kaufen. Eine Postkarte kostet fünf Pfennig. Für fünf
Pfennig kann man eine Postkarte nach irgend einer Stadt
Deutschlands schicken. Über einem zweiten Fenster steht:
„Eingeschriebene Briefe." Wenn der Vater seinem Sohn
15 Geld schickt, so geht er an dieses Fenster und sagt: „Bitte
schreiben Sie diesen Brief ein." Ein eingeschriebener Brief
kostet fünfzig Pfennig. Über einem dritten Fenster steht:
„Postlagernde Briefe." Wer durch Deutschland reist, er=
hält seine Briefe postlagernd. Er geht dann an das Fenster
20 und sagt: „Haben Sie Briefe für Lehmann?" „Ja," sagt
der Postbeamte, „ich habe vierhundert Briefe für Lehmann;
wie heißen Sie mit dem Vornamen?"

Auf der anderen Seite der Halle sind auch Fenster. Über
einem dieser Fenster steht: „Paketannahme," über einem zwei=
25 ten Fenster steht: „Postlagernde Pakete," über einem drit=
ten Fenster steht: „Eingeschriebene Pakete." In der Mitte
der Halle stehen Schreibtische. Wer in seinem Hause nicht
schreiben will, kann seine Briefe auf der Post schreiben. Über=
all in der Stadt sind Briefkasten. Ein Briefkasten wird oft

geleert und die Briefe werden auf der Post gestempelt. Der Briefträger trägt die Briefe aus; der Postwagen fährt die Pakete aus. Der Leiter der ganzen deutschen Post heißt Oberpostdirektor.

Das Theater

Das Theater ist ein sehr großes Gebäude. Es ist aus 5
Stein und Eisen. Es ist also sicher vor Feuer. Man nennt
ein solches Gebäude ein feuersicheres Gebäude. Das Gebäude hat zwei große und viele kleine Räume. In dem einen
großen Raum sitzen die Zuschauer; das ist der Zuschauerraum. In dem anderen großen Raum sind die Schauspieler; 10
das ist die Bühne. Zwischen der Bühne und dem Zuschauerraum ist der Vorhang. Wenn die Vorstellung beginnt, so
geht der Vorhang auf; wenn die Vorstellung zu Ende ist, so
fällt der Vorhang. Vor der Bühne ist das Orchester. Der
Dirigent sitzt vor dem Dirigentenpult. Im Zuschauerraum 15
sind zweitausend Plätze. Unten im Zuschauerraum ist das
Parterre, an den Seiten sind die Logen. Im ersten Stock
ist der erste Rang, im zweiten Stock ist der zweite Rang, im
dritten Stock ist der dritte Rang und ganz oben unter dem
Dach ist die Galerie. 20
Am Eingang des Theaters ist die Kasse. Wer in das
Theater gehen will, geht an die Kasse und kauft eine Karte,
eine Eintrittskarte. Er kauft entweder eine Eintrittskarte für
das Parterre, oder eine Eintrittskarte für den ersten Rang;
wenn er nicht viel Geld hat, kauft er eine Eintrittskarte für 25
den dritten Rang oder für die Galerie. Bei der Kasse hängt
ein Zettel; das ist der Theaterzettel. Auf dem Theaterzettel
steht, was im Theater gegeben wird. Heute wird ein Lustspiel gegeben, „Minna von Barnhelm"; morgen wird ein

Schauspiel gegeben, „Wilhelm Tell"; übermorgen wird ein
Trauerspiel gegeben, „Hamlet"; Samstag wird eine Oper
gegeben, „Tannhäuser." Einige Stücke haben drei Akte, an=
dere vier, andere fünf. Die Zeit zwischen den Akten ist die
5 Pause. Während der Pause gehen viele Zuschauer in das
Foyer oder in das Theaterrestaurant. Am Tage nach der
Vorstellung steht die Kritik in der Zeitung: „Der Opern=
sänger Brüller hat sehr schlecht gesungen."

Der Photograph

Der Photograph wohnt im obersten Stock. Dort ist seine
10 Wohnung, sein Atelier und seine Dunkelkammer. Im photo=
graphischen Atelier ist es sehr hübsch. Das Dach des Ateliers
ist aus Glas. Daher ist es im Atelier so hell wie draußen
im Freien. Im Atelier kann man die schönsten Landschaf=
ten sehen/ Gebirge, Dörfer, Flüsse, Wasserfälle, Wälder,
15 Gärten und blühende Obstbäume. Im Atelier kann man
schneller reisen als mit der Eisenbahn. Man sagt: „Herr
Photograph, ich möchte gern am Ufer des Rheins sitzen"
und eins, zwei, drei! man sitzt am Ufer des Rheins; oder
man sagt: „Ich möchte gern in einer alten Ruine stehen"
20 und eins, zwei, drei! man steht in einer alten Ruine. Der
Rhein ist freilich nur aus Leinwand und die Ruine aus
Papiermaché, aber das kann man auf der Photographie nicht
sehen.

Mitten im Atelier steht der photographische Apparat.
25 Ein großes schwarzes Tuch liegt über dem Apparat. Wenn
jemand photographiert wird, so steckt der Photograph seinen
Kopf unter das Tuch und sagt: „Bitte drehen Sie den Kopf
ein wenig nach rechts. So! Wenn ich bis drei zähle,

sitzen Sie bitte ganz still. Bitte machen Sie ein recht
freundliches Gesicht. So ist es recht! Also: Eins, zwei,
drei! Sie haben nicht still gesessen. Sie haben sich bewegt.
Ich muß noch eine Aufnahme machen." Nun macht er noch
eine Aufnahme. Er zählt noch einmal, man macht noch ein= 5
mal ein freundliches Gesicht und sitzt noch einmal still.

Nachdem der Photograph die Aufnahme gemacht hat,
geht er in die Dunkelkammer. Hier entwickelt er das Ne=
gativ. Wenn das Negativ trocken ist, legt er es in den
Kopierrahmen und macht eine Kopie. Da sitzt man auf 10
dem Bild, gerade wie im Leben. Man hat ein freundliches
Gesicht und sitzt ganz still. „Das Bild ist gut getroffen,"
sagen unsere Freunde. Wir aber sagen: „Ja, es ist gut ge=
troffen, nur der Mund ist etwas zu groß."

Der Schneider

Wer einen neuen Anzug braucht, geht zum Schneider. 15
Der Schneider hat einen Laden und eine Werkstatt. Im
Laden sind Stoffe für neue Anzüge. Der Stoff ist aus Wolle
oder aus Baumwolle oder auch aus Halbwolle. Es gibt
leichte Stoffe und schwere Stoffe, helle und dunkle Stoffe,
karrierte oder gestreifte Stoffe, einfache oder melierte Stoffe. 20
Der Schneider legt die Stoffe vor, der Kunde wählt einen
Stoff. Nun fragt der Schneider: „Was für einen Rock
wünschen Sie? Ein Jackett oder einen Gehrock?" Dann
nimmt der Schneider Maß: „Wünschen Sie die Weste
weit oder eng? Wünschen Sie die Beinkleider weit oder 25
eng? Enge Beinkleider sind sehr modern. Wie viele Ta=
schen wünschen Sie? Kommen Sie bitte morgen zum
Anpassen."

Nun geht der Schneider in die Werkstatt und schneidet
den Stoff zu. Er setzt die Ärmel ein und näht die Knöpfe
an. An den Rock näht er vier Knöpfe und an die Weste fünf.
Dann setzt er das Futter ein, er füttert den Rock und die
5 Weste. Am nächsten Tag kommt der Kunde und paßt den
Anzug an. Der Anzug paßt gut. Ein paar Tage später ist
der Anzug fertig. Der Schneider schreibt auf die Rechnung:
„Einen Anzug nach Maß gemacht — 80 Mark." Der
Kunde bezahlt, und der Schneider quittiert die Rechnung.
10 Er schreibt unter die Rechnung: „Dankend quittiert, Fips,
Schneidermeister."

Im Sommer tragen wir einen Sommeranzug; im Herbst
tragen wir einen Herbstanzug; im Winter tragen wir einen
Winteranzug und einen Überzieher, einen Winterüberzieher;
15 im Frühjahr tragen wir einen Frühjahrsanzug.

Ich kaufe nie fertige Anzüge. Fertige Anzüge sind billiger als nach Maß gemachte Anzüge, aber nach Maß gemachte
Anzüge passen besser als fertige Anzüge. Ich lasse mir bald
einen Sommeranzug und einen Sommerüberzieher machen.
20 Ich gehe aber zum Schneider Bock. Schneider Bock gibt
Kredit.

Das Handwerk

Schuhmacher, Schneider, Tischler, Klempner, Glaser,
Maurer und Maler sind Handwerker. Sie verdienen ihr
Geld mit der Arbeit ihrer Hände.

25 Der Schuhmacher oder Schuster hat eine Werkstatt. Hier
repariert er alte Schuhe und Stiefel und macht neue. Sein
Handwerkszeug ist der Hammer, die Ahle, das Messer und
der Leisten. Mit dem Messer schneidet er das Leder zu, mit
dem Hammer schlägt er Nägel in die Absätze, mit der Ahle

macht er Löcher in das Leder, auf dem Leisten repariert er
Schuhe und Stiefel.

Der Schneider macht Anzüge. Mit dem Maß mißt er den
Stoff, mit der Schere schneidet er den Stoff zu, mit der
Nadel und dem Faden näht er den Stoff zusammen, mit   5
dem Bügeleisen bügelt er den neuen Anzug aus.

Der Tischler macht Tische, Stühle, Schränke und son=
stiges Hausgerät. Mit der Säge sägt er das Holz, mit
dem Hobel hobelt er es glatt, mit dem Leim leimt er die
Bretter zusammen, mit dem Hammer schlägt er Nägel ein. 10

Der Klempner macht allerlei Sachen aus Blech. Wenn
das Wasserrohr in der Küche oder die Wasserrinne auf dem
Dach einen Leck hat, so lötet er den Leck wieder zu. Sein
Handwerkszeug ist die Blechschere, der Lötofen und das
Löteisen.   15

Wenn eine Fensterscheibe zerbrochen ist, kommt der Gla=
ser. Er bringt ein Stück Glas und einen Glaserdiamanten.
Mit dem Diamanten schneidet er das Glas, dann setzt er
die neue Fensterscheibe ein.

Der Maurer baut die Mauern der Häuser. Sein Hand= 20
werkszeug ist die Kelle und das Senkblei. Mit der Kelle
legt er den Mörtel auf die Backsteine, mit dem Senkblei rich=
tet er die Mauer, das heißt, er prüft, ob die Mauer gerade ist.

Der Maler oder Anstreicher streicht die Fenster, die Türen
und die Fußböden mit Farbe an. Er hat einen Farbentopf 25
und einen Pinsel.

Wer Handwerker werden will, muß drei oder vier Jahre
Lehrling sein; dann wird er Geselle, und wenn er ein paar
Jahre Geselle gewesen ist, wird er Schuhmachermeister, oder
Schneidermeister, oder Tischlermeister, oder Klempnermeister, 30
oder Glasermeister, oder Maurermeister, oder Malermeister.

Bei den Soldaten

Jeder Deutsche muß Soldat werden. Die meisten Deut=
schen werden Soldat, wenn sie zwanzig Jahre alt sind. Die
meisten Soldaten müssen zwei Jahre dienen; die Soldaten
der Kavallerie und der Artillerie sogar drei Jahre. Junge
5 Leute, die das Gymnasium oder die Realschule besucht haben,
brauchen nur ein Jahr zu dienen. Solche Soldaten heißen
Einjährige. Soldaten, die zwei Jahre dienen müssen, hei=
ßen Gemeine. Die Gemeinen wohnen in der Kaserne, die
Einjährigen dürfen bei ihren Eltern wohnen. Jeder Soldat
10 hat eine Uniform. /Die Uniform besteht aus den Beinklei=
dern, dem Uniformrock, dem Helm und der Mütze, dem
Säbel und der Säbelkoppel, an der der Säbel hängt. Jeder
Soldat hat auch ein Gewehr. Jeden Tag müssen die Sol=
daten exerzieren. Sie exerzieren auf dem Exerzierplatz. Vor
15 der Kaserne und vor dem Hause des Generals oder des
Kommandanten geht immer ein Soldat auf und ab. Er
trägt ein Gewehr über der Schulter. Das ist der Posten.
Der Soldat muß zwei Stunden auf Posten stehen. Nach
zwei Stunden wird der Posten abgelöst. Zweimal im Jahre
20 sind Manöver. Bei den Manövern ist oft der Kaiser anwe=
send. Die Disziplin beim deutschen Militär ist sehr strenge.
Wer nicht gehorcht, bekommt Arrest; wer desertiert, kommt
auf die Festung. Beim Eintritt in das Militär muß jeder
neue Soldat den Fahneneid leisten. Er muß schwören, dem
25 Vaterlande und seinem König treu zu bleiben.

Ein tüchtiger Soldat kann auch Unteroffizier werden.
Offiziere werden nur die, welche durch die Kadettenschule ge=
gangen sind. Ein Kadett wird zuerst Leutnant, dann Ober=
leutnant, dann Hauptmann, dann Major, dann Oberst,

dann General. An der Spitze des deutschen Heeres steht
der Deutsche Kaiser.

Im Frieden zählt das deutsche Heer über eine Million
Mann; im Kriege zählt es wohl drei Millionen.

Bekannte Gestalten

Schutzleute sieht man überall. Hier ist ein Schutzmann, 5
da ist wieder einer, da wieder; überall sieht man die blanken
Helme und die blanken Knöpfe an den blanken Uniformen.
Was tut ein Schutzmann? Er geht auf und ab, hin und
her, er sieht nach rechts und nach links, nach links und
nach rechts. „Entschuldigen Sie,“ sagt ein Fremder, „wo ist 10
das Rathaus?“ „Gehen Sie gerade aus, dann rechts, dann
links, dann wieder gerade aus,“ antwortet der Schutzmann.
Wenn ein böser Mensch gestohlen hat, so rufen die Bürger:
„Haltet den Dieb!“ Der Schutzmann arretiert den Dieb
und bringt ihn auf das Polizeiamt. Wenn ein Pferd fällt 15
und ein Bein bricht, so kommt der Schutzmann und sagt:
„Das Pferd hat ein Bein gebrochen.“

Morgens um neun, mittags um zwölf, nachmittags um
drei und abends um sechs kommt der Briefträger. Er trägt
eine große Tasche aus Leder. Darin sind viele, viele Briefe. 20
Da ist ein Brief von der Mutter. Sie ist wohl und munter
und sie hofft, daß der liebe Sohn auch wohl und munter ist.
Da ist ein Brief vom Vater. „Gib nicht zu viel Geld aus,“
schreibt der Vater. Da ist ein Brief von der Braut. „Lieber Schatz, danke für die schönen Blumen,“ schreibt die Braut. 25
Und hier ist ein Brief vom Bräutigam. Nächste Woche ist
Hochzeit. Da ist auch ein Brief mit einem schwarzen Rand.
Die Großmutter ist tot. Alles das trägt der Briefträger in

seiner Ledertasche: Glück und Unglück, Freude und Trauer,
Regen und Sonnenschein trägt er in seiner Ledertasche und
weiß es selber nicht.

Abends, wenn es dunkel wird, kommt ein Mann mit einem
5 langen Stock. Er zündet die Laternen an. Die Straßen
werden still, die Menschen gehen in ihre Häuser. Bald sitzt
die Familie beim Abendbrot. Dann erzählt jeder etwas vom
Tage: Glück oder Unglück, Freude oder Trauer. Die Nacht
kommt und man geht zu Bett. Alles das bringt der La=
10 ternenanzünder und weiß es selber nicht.

Das neue Dienstmädchen

Das neue Dienstmädchen ist angekommen. In der Abend=
zeitung hat eine Annonce gestanden: „Gesucht ein kompe=
tentes Dienstmädchen mit guten Zeugnissen. Dieselbe muß
waschen und bügeln können und etwas vom Kochen verstehen.
15 Monatliche Kündigung; Gehalt dreißig Mark bei freier
Station. Nachzufragen bei August Rabe, Adolffstraße 27,
dritte Etage, links, abends zwischen sieben und acht." Vier
oder fünf Dienstmädchen waren gekommen. Die eine war
zu alt, die andere zu jung, die dritte zu klug, die vierte zu
20 dumm. Endlich die fünfte! Das war die richtige. Sie
war fünfundzwanzig Jahre alt, trug ein nettes, sauberes
Kleid, hatte sehr gute Zeugnisse und gab höfliche, bestimmte
Antworten. „Warum sind Sie denn von Ihrer letzten Herr=
schaft fortgegangen?" hatte Frau Rabe gefragt. „Es waren
25 so viele Kinder im Hause," hatte sie geantwortet. „Nun,
bei uns sind keine Kinder," hatte Frau Rabe darauf geant=
wortet, und darauf hatte das neue Dienstmädchen die Stelle
bei Rabes angenommen.

Was muß das neue Dienstmädchen tun? Frühmorgens um sechs Uhr muß sie aufstehen. Dann bringt sie das Eßzimmer in Ordnung und deckt den Frühstückstisch. Darauf kocht sie Kaffee und weckt die Herrschaft. Nach dem Frühstück fegt sie die Zimmer und stäubt ab; nun geht sie auf den Markt, zum Krämer, zum Fleischer, zum Delikatessenhändler und zum Postamt. Wenn sie zurückkommt, muß sie Frau Rabe beim Kochen helfen. Um zwei Uhr kommt Herr Rabe nach Hause und dann gibt es Mittagessen. Nach dem Mittagessen deckt das Dienstmädchen wieder ab und wäscht das Geschirr. Später am Nachmittag geht sie auf ihr Zimmer und zieht sich ein anderes Kleid an. Jetzt hat sie ein Stündchen Ruhe. Das benutzt sie, indem sie Briefe schreibt oder eine Handarbeit macht. Aber bald ist es Zeit, an das Abendbrot zu denken. Jetzt muß der Abendbrottisch gedeckt werden, und nach dem Abendbrot wäscht sie wieder Geschirr. Endlich ist die Tagesarbeit besorgt. Halt! Eins fehlt noch. Die Stiefel der Herrschaften müssen noch geputzt werden, und Frau Rabes Mantel ist sehr staubig; der muß noch abgebürstet werden. Um zehn Uhr ist sie endlich fertig und nun kann sie zu Bett gehen.

Bei aller Arbeit ist das neue Dienstmädchen immer vergnügt. Sie singt beim Geschirrwaschen und beim Aufdecken, beim Fegen, beim Abstäuben und beim Stiefelputzen; und jeden Montag beim Waschen und Bügeln, da singt sie, daß es eine Lust ist zuzuhören.

Jedes Dienstmädchen hat ein Dienstbuch. Dieses Dienstbuch hat sie von der Polizei, denn die Polizei muß wissen, wie viele Dienstmädchen es in der Stadt gibt und wo sie arbeiten.

Wenn ein Dienstmädchen mit ihrer Herrschaft nicht zu=

frieden ist, oder die Herrschaft nicht mit ihr, so kündigt sie
der Herrschaft oder die Herrschaft kündigt ihr. Wenn sie
auf monatliche Kündigung angestellt ist, so geschieht die
Kündigung einen Monat vor dem Verlassen der Stelle.
5 Der Hausherr oder die Hausfrau schreibt dann ihr Zeugnis
in das Dienstbuch. Da steht: „Ehrlich und fleißig" oder
„Sehr zufriedenstellend" oder etwas Ähnliches.

Im Park

Zwei große Tore führen in den Park. Überall sind blü=
hende Blumen, schattige Bäume, grüne Sträucher und große
10 schöne Rasenplätze. Mitten im Park ist ein See. Auf dem
See schwimmen Schwäne und Enten. Die Leute stehen am
Ufer und füttern die Tiere. Sie werfen Brot und Kuchen
in das Wasser. Um den See herum führt ein breiter Weg.
Wenn man diesen Weg entlang geht, so kommt man zu einem
15 Boothaus. Am Boothaus liegen viele Boote. Wer rudern
kann, mietet ein Boot und rudert auf den See hinaus.

In einem anderen Teil des Parks stehen kleine Häuser
mit Wänden und Dächern aus Glas. Das sind die Ge=
wächshäuser. Hier findet man Gewächse aus den tropi=
20 schen Ländern: Palmenbäume, Feigenbäume, Dattelbäume,
Apfelsinenbäume und Zitronenbäume. Die Gewächshäuser
werden im Winter geheizt, sonst erfrieren die tropischen
Gewächse.

Nicht weit von den Gewächshäusern ist ein großer Rosen=
25 garten. Die schönsten Rosen blühen hier: gelbe Teerosen,
rote Rosen, einfache Rosen, doppelte Rosen und Moosrosen.

Auf der anderen Seite des Parks ist ein großer Turnplatz.
Hier findet man Barren und Reck, Kletterstangen, Leitern

und Turnringe. Am Mittwoch= und Samstagnachmittag,
wenn die Schule geschlossen ist, findet man hier hunderte von
Knaben und Mädchen; der eine turnt am Reck, der andere am
Barren, drei oder vier steigen die Leiter hinauf und hinab,
wieder andere schwingen an den Turnringen oder üben sich 5
im Wettlauf. Die Alten sitzen nicht weit von den Jungen
an großen langen Tischen. Ein Kellner läuft zwischen den
Tischen hin und her. Er bringt diesem etwas zu essen,
jenem etwas zu trinken und dem dritten etwas zu rauchen.
In einem Pavillon spielt die Militärkapelle die schönsten 10
Lieder: „An der schönen blauen Donau," „Husarenritt" und
„Deutschland, Deutschland über alles."

Am Geburtstag

Der Geburtstag ist ein Festtag für Klein und Groß. Wer
zehn Jahre alt geworden ist, freut sich, daß er nicht mehr
neun ist; wer neunundzwanzig Jahre alt geworden ist, freut 15
sich, daß er noch nicht dreißig ist. Wer siebzig Jahre alt ge=
worden ist, freut sich, daß Gott ihm noch ein Jahr geschenkt
hat.

Wer seinen Geburtstag feiert, heißt das Geburtstagskind,
auch wenn er siebzig Jahre alt geworden ist. Dem Ge= 20
burtstagskind gibt man ein Geburtstagsgeschenk. Jeder
im Hause schenkt etwas, einer schenkt viel, der andere wenig.
Die Geschenke werden auf den Geburtstagstisch gelegt.
Mitten auf dem Geburtstagstisch steht der Geburtstags=
kuchen. Wenn ein Kind seinen Geburtstag feiert, so steckt 25
man kleine Lichter auf den Geburtstagskuchen, ein Licht für
jedes Jahr. Kleinen Kindern schenkt man Spielsachen;
einem großen Geburtstagskind schenkt man nützliche Sachen:

Bücher, Kleider, Taschentücher, Hüte, Briefpapier, Uhren
und ähnliche Sachen.

Einem Geburtstagskind gratuliert man. Man sagt:
„Ich gratuliere herzlich" oder „Meine herzlichste Gratulation"
5 oder „Meinen besten Glückwunsch." Einem Verwandten
darf man auch einen Geburtstagskuß geben. Das Geburts=
tagskind dankt für die Geschenke und für die Gratulation. Es
sagt: „Lieber Onkel, besten Dank für die schöne Uhr." Wenn
der Onkel fortgegangen ist, sagt es: „Die Uhr ist aus Nickel."
10 Oft gibt man zum Geburtstag ein Geburtstagsessen.
Dann kommen Freunde, Verwandte und Bekannte. Jeder
gratuliert und jeder bringt ein Geburtstagsgeschenk. Kinder
geben eine Kindergesellschaft. Mein Freund zeigte mir neu=
lich eine Einladung, die ich ihm geschickt hatte, als ich ein
15 kleiner Knabe war. Auf der Einladung stand: „Otto Meier
ladet seinen lieben Freund Georg Schulze auf Mittwoch nach=
mittag zu einer Kindergesellschaft ein. Bringe nur keinen
Ball, ich bekomme einen von meiner Tante. Bringe lieber
ein Schaukelpferd."

Weihnachten und Neujahr

20 Jede deutsche Familie feiert Weihnachten. Weihnachts=
abend ist am vierundzwanzigsten Dezember, der erste Weih=
nachtstag ist am fünfundzwanzigsten Dezember, der zweite
Weihnachtstag ist am sechsundzwanzigsten Dezember. Am
Weihnachtsabend brennt in fast jedem Hause der Weihnachts=
25 baum. Am Weihnachtsbaum hängen viele schöne Sachen:
Puppen aus Zucker, vergoldete Äpfel und Nüsse usw. Ganz
oben schwebt ein Engel. An jedem Zweige des Weihnachts=
baumes steckt ein brennendes Licht.

Unter dem Weihnachtsbaum liegen Geschenke. Da liegen
Spielsachen für die kleinen Knaben und Mädchen, Bücher
und andere nützliche Sachen für die größeren. Die Kinder
singen Weihnachtslieder und spielen mit den Spielsachen.
Eins hat eine schöne Puppe, das andere hat einen schönen, 5
großen Ball, das dritte hat ein ganzes Regiment Soldaten aus Blei. Die Eltern sitzen auf dem Sofa und sind
glücklich. „Fröhliche Weihnachten!" hört man überall.

Am ersten Weihnachtstag zieht man sich die besten Kleider an und geht in die Kirche. Hoch oben auf dem Kirch- 10
turm läuten die Weihnachtsglocken, und in der Kirche predigt
der Prediger: „Ehre sei Gott in der Höhe, Friede auf Erden
und den Menschen ein Wohlgefallen."

Am einunddreißigsten Dezember ist das alte Jahr zu Ende.
Am ersten Januar beginnt das neue Jahr. Der erste Ja- 15
nuar ist der erste Neujahrstag, der zweite Januar ist der
zweite Neujahrstag. Am einunddreißigsten Dezember abends
ist Silvester. Silvester wird auch in jedem deutschen Hause
gefeiert. Abends ist ein großes Festessen. Um zwölf Uhr
klingen die Gläser, und überall hört man: „Prosit Neujahr!" 20
Die Kirchenglocken läuten, und vom Kirchturme spielen die
Stadtmusikanten einen Choral. Am ersten Neujahrstag
haben viele Leute Kopfschmerzen. Das kommt von der großen Aufregung.

Umziehtag

Warum ziehen die Menschen um? Die alte Wohnung ist 25
zu alt, in der alten Wohnung sind zu viele Mäuse, die alte
Wohnung ist zu klein, die alte Wohnung ist zu teuer, die alte
Wohnung ist zu billig, die alte Wohnung ist zu groß, der
Nachbar ist zu grob, die Kinder des Nachbars sind nicht rein

genug, die alte Wohnung ist zu feucht, die alte Wohnung ist zu weit vom Geschäft, die alte Wohnung ist zu dunkel.

Der erste Mai ist der Umziehtag. Zwei Monate vorher sucht der Hausherr, oder die Hausfrau oder auch beide nach 5 einer neuen Wohnung. Die erste Wohnung ist zu teuer, die zweite ist zu billig, die dritte zu dunkel, die vierte zu groß, die fünfte zu klein, die sechste ist zu weit vom Geschäft. Endlich, die siebente ist die rechte. Aber sieben ist eine böse Zahl. Die achte ist sehr gut. Sie hat zwei große 10 Schlafzimmer, ein sehr großes Eßzimmer, ein schönes, helles Wohnzimmer, einen Vordergarten und einen Hintergarten.

Der erste Mai kommt. Frühmorgens kommt der Um= ziehwagen. Die Umziehleute tragen das Hausgerät hin= aus. „Vorsicht!" ruft einer der Umziehleute und zerbricht 15 den großen Spiegel. „Vorsicht!" ruft der Vater und rennt mit dem Kopf gegen die Tür. „Paß doch auf!" ruft die Mutter und läßt ein ganzes Dutzend Teller fallen. „Mama, unter dem Waschtisch liegt eine tote Maus," ruft Max und tritt dem Dienstmädchen auf den Fuß. „Donnerwetter," 20 ruft der Hausherr, „es regnet; legen Sie noch eine Decke über den Tisch!" „Ein wenig Regen schadet dem Tisch nicht," sagt einer der Umziehleute und wirft die große Lampe um. So geht es weiter, bis das ganze Hausgerät im Umzieh= wagen ist.

25 Abends um sieben Uhr ist alles wieder an seinem Platz. Die neue Wohnung ist schön, viel schöner als die alte. Der Doktor ist schon seit einer halben Stunde da. Der Vater hat Eis auf dem Kopf, die Mutter hat alle zehn Finger verbunden, das Dienstmädchen kann nicht gehen und muß drei Tage im 30 Bett liegen. Max muß drei Tassen Kamillentee einnehmen. Er hat zu viel gegessen. Ja, warum ziehen die Menschen um?

Auf das Land

Warum gehen die Menschen auf das Land? Die Menschen gehen auf das Land, um sich zu erholen, oder um frische Eier und frische Butter zu essen, oder um frische Milch zu trinken, oder um frische Luft zu atmen, oder weil der Doktor es gesagt hat, oder weil es gut für die Kinder ist. Sobald die Som= 5 merferien anfangen, geht die Familie auf das Land. „Zurück zur Natur,“ sagt der Vater, und „Zurück zur Natur,“ sagen die anderen.

Sie gehen zu Fuß zum Bahnhof. „Gehen ist gesund,“ hat der Doktor gesagt. „Zurück zur Natur,“ sagt der Vater 10 wieder und kauft Fahrkarten vierter Klasse. In diesem Abteil sind keine Sitze. Jeder sitzt auf einem Stück Gepäck. Der Vater sitzt auf einer Reisetasche, die Mutter sitzt auf dem Reisekoffer, Max sitzt auf dem Korb, in dem die But= terbrote sind, Friedrich sitzt auf dem Korb, in dem die ge= 15 kochten Eier und die Milch sind. Heinrich steht am Fenster des Abteils. Der Bahnhofsvorsteher gibt das Zeichen, der Zug fährt ab. „Jetzt aufs Land, aufs freie Land, zurück zur Na= tur,“ sagt der Vater. Dörfer, Wiesen und Bäume fliegen vorbei. Der Staub fliegt in den Abteil; Heinrich bekommt 20 Staub in die Augen, die Mutter wird schwindlig, die Kin= der werden hungrig. Der Vater öffnet den Korb mit den Butterbroten, aber Max hat auf dem Korb gesessen. Aus den zwei Dutzend Butterbroten ist ein großes Butterbrot ge= worden. Die Mutter macht den Korb auf, auf dem Fried= 25 rich gesessen hat und in dem die Eier gewesen sind. Die Milch ist zu Butter geworden. Heinrich weint, weil er Staub in den Augen hat. Max und Friedrich brüllen wie die Ochsen, weil sie nichts zu essen haben und weil der Vater

ihnen eins an die Ohren gegeben hat. Der Vater schimpft,
die Mutter sagt: „Höre doch endlich mit dem Schimpfen auf."
Der Vater sagt zu den Kindern: „Hört doch endlich mit dem
Brüllen auf!" Der Zug schüttelt und rüttelt; die Räder
5 rollen über die Schienen und singen dabei: „Aufs Land, aufs
Land, zurück zur Natur!"

Deutsche Dichter

Goethe, Schiller, Heine und Uhland sind deutsche Dichter.
Sie haben Gedichte, Dramen und Prosawerke geschrieben.
Fast jeder Deutsche hat ihre Werke gelesen, und jedes Schul=
10 kind kann Gedichte von diesen großen Dichtern hersagen.

Johann Wolfgang Goethe wurde im Jahre 1749 in
Frankfurt geboren. Schon als Knabe schrieb er Gedichte
und Geschichten. Später schrieb er auch Dramen. Sein
größtes Werk ist das dramatische Gedicht „Faust." Er
15 arbeitete daran über dreißig Jahre. Seine bekanntesten
Gedichte sind: „Der Erlkönig," „Der Sänger," „Wanderers
Nachtlied" und „Der Fischer." Goethe starb im Jahre
1832 in Weimar.

Friedrich Schiller wurde zehn Jahre später als Goethe in
20 der Stadt Marbach geboren. Sein erstes großes Drama,
„Die Räuber," schrieb Schiller, als er achtzehn Jahre alt war.
Das bekannteste seiner Dramen ist „Wilhelm Tell." Auch
viele schöne Gedichte schrieb Schiller. Manche davon sind
Balladen. Schillers bekannteste Balladen sind: „Der Tau=
25 cher," „Die Bürgschaft," „Der Kampf mit dem Drachen"
und „Kassandra." Schiller starb im Jahre 1805.

Heinrich Heine ist am besten durch seine lyrischen Gedichte
bekannt. Viele davon sind zu deutschen Volksliedern ge=

worden. Zu seinen bekanntesten Liedern gehören: „Die
Lorelei," „Du bist wie eine Blume," „Frühlingslied" und „Die
Grenadiere." Sein bekanntestes Prosawerk ist „Die Reise-
bilder." Mit Recht sagt Heine von sich selbst: „Ich bin ein
deutscher Dichter, bekannt im deutschen Land; nennt man die ₅
besten Namen, so wird auch der meine genannt." Heine
wurde im Jahre 1799 in Düsseldorf geboren. Er starb in
Paris im Jahre 1856.

Ludwig Uhland ist als Balladendichter bekannt. Er wurde
im Jahre 1787 in Tübingen geboren und starb, fünfund- ₁₀
siebzig Jahre alt, in seiner Vaterstadt. Seine besten Balladen sind: „Des Sängers Fluch," „Das Glück von Edenhall"
und „Der blinde König." Aber auch schöne Frühlings- und
Wanderlieder hat er gedichtet. Von diesen ist das bekannteste das schöne Wanderlied „Ich hatt' einen Kameraden." ₁₅

Der deutsche Adel

Alle Deutschen sind entweder adelig oder bürgerlich. Ade-
lige Familien setzen vor ihrem Familiennamen das kleine
Wort „von." Von Hohenzollern, von Hohenstaufen, von
Fürstenberg, von Sonderburg usw. sind adelige Familien-
namen. Es gibt einen hohen Adel und einen niederen Adel. ₂₀
Könige, Großherzöge, regierende Herzöge und Fürsten ge-
hören zum hohen Adel. Das Haupt einer Familie des
hohen Adels führt den Titel Kaiser, König, Großherzog,
Herzog oder Fürst. Die übrigen Familienmitglieder, also
Brüder, Schwestern, Söhne, Töchter, Neffen, Nichten, Enkel ₂₅
und Enkelinnen führen den Titel Prinz oder Prinzessin,
Graf oder Gräfin. Der älteste Sohn des Kaisers oder des
Königs heißt Kronprinz.

Alle adeligen Familien, die nicht zum hohen Adel gehören, gehören zum niederen Adel. Die meisten Familienmitglieder des niederen Adels führen denselben Titel wie das Haupt der Familie. Einige Herzöge, zum Beispiel von Bismarck
5 oder von Bülow, die meisten Grafen und alle Barone, Ritter und einfache Adelige gehören zum niederen Adel. Eine Heirat zwischen einem Mitglied des hohen Adels und einem Mitglied des niederen Adels ist eine Mißheirat. Viele Mitglieder des niederen Adels sind von einem regierenden Für-
10 sten geadelt worden. Sie haben von ihm das Adelsdiplom und ein Wappen erhalten. Man sagt dann: „Die Familie Soundso ist vom Fürsten geadelt worden." Viele Männer, die sich im Kriege ausgezeichnet haben, sind mit ihren Familien geadelt worden.

15 Wenn ein Mann eine große Erfindung oder Entdeckung gemacht hat, so kann er dafür geadelt werden. Er erhält dann den persönlichen Adel, das heißt, nur er allein ist adelig geworden, seine Kinder sind es nicht. Als, zum Beispiel, Professor Röntgen die berühmten X-Strahlen entdeckte, ist er
20 vom Kaiser geadelt worden; aber er hat nur den persönlichen Adel erhalten.

Wenn eine Familie schon seit alter, alter Zeit adelig ist, so sagt man, die Familie gehört zum Uradel. Solche Familien sind oft sehr stolz auf ihren Adel.

25 Den Kaiser und den König redet man ‚Seine Majestät' an, den Großherzog, ‚Seine königliche Hoheit', den Fürsten, ‚Seine Durchlaucht,' den Grafen, ‚Seine Hochgeboren,' den Baron, ‚Seine Hochwohlgeboren.'

Von einem guten, edlen Menschen sagt man oft: „Er hat
30 einen adeligen Charakter," und ein deutsches Sprichwort sagt: „Arbeit adelt." „Arbeiten Sie doch," sagte einmal ein

reicher Mann zu einem Bettler, „Arbeit adelt." „Lieber
Herr," antwortete der Bettler, „ich mache mir nichts aus
dem Adel."

Der gute Ton

Also, lieber Freund, merken Sie sich die Redensart:
„Andere Länder, andere Sitten." Was in Amerika Sitte ⁵
ist, ist darum nicht in Deutschland Sitte. Sie reisen jetzt
nach Deutschland, und darum will ich Ihnen etwas von
deutschen Sitten erzählen.

Wenn Sie auf der Straße einen Bekannten treffen, so
ziehen Sie einen Moment ihren Hut ab, auch wenn der Be= ¹⁰
kannte ein Herr ist. Wenn Sie eine Dame treffen, die Sie
kennen, so warten Sie nicht, bis die Dame grüßt, sondern
Sie grüßen zuerst. Wenn Sie in einen Laden treten, in dem
Damen sind, so nehmen Sie den Hut in die Hand. Erst
beim Hinausgehen setzen Sie ihn wieder auf. Wenn Sie ¹⁵
mit einer Dame auf der Straße gehen, so geht die Dame
stets an Ihrer rechten Seite. Alle Menschen, denen wir
Respekt schulden, lassen wir an der rechten Seite gehen.
Wenn Sie einen kurzen Besuch machen, so nehmen Sie den
Hut und die Handschuhe mit in das Zimmer; den Überzieher ²⁰
lassen Sie natürlich auf der Hausflur. Sie begrüßen die
Dame des Hauses zuerst. In einigen Teilen Deutschlands
ist es auch Sitte, der Dame des Hauses die Hand zu küssen.
Zu der Dame des Hauses sagen Sie: „Gnädige Frau," zu
der Tochter: „Gnädiges Fräulein." Sie sagen: „Wie geht ²⁵
es Ihrem Herrn Gemahl?", „Wie geht es Ihrem Herrn
Bruder?", „Wie geht es Ihrem Fräulein Schwester?", „Wie
geht es Ihrem Herrn Sohn?", „Wie geht es Ihrem Fräu=
lein Tochter?" Vergessen Sie nicht: Eine verheiratete Dame

ift eine Frau, eine unverheiratete Dame ist ein Fräulein.
Wenn Sie mit einem Kinde, einem Verwandten oder einem
Freunde sprechen, so brauchen Sie das Fürwort „du," wenn
Sie aber mit fremden Damen oder Herren sprechen, so
5 brauchen Sie das Pronomen „Sie." Wenn Sie mit dem
Kaiser sprechen, sagen Sie natürlich: „Eure Majestät." Ver=
gessen Sie das nicht, denn sonst wirft der Kaiser Sie zum
Palast hinaus.

Wenn Sie auf einer Gesellschaft einen Herrn oder eine
10 Dame kennen lernen wollen, so sagen Sie zu einem Bekann=
ten: „Wollen Sie mich bitte Herrn Soundso vorstellen?"
oder: „Wollen Sie mich bitte dieser jungen Dame vorstel=
len?" Ihr Bekannter geht dann auf Herrn Soundso oder
Fräulein Soundso zu und sagt: „Erlauben Sie, daß ich
15 Ihnen meinen Freund X vorstelle." Bei der Vorstellung sagt
man: „Es freut mich sehr, Ihre Bekanntschaft zu machen."
Wenn Sie jemand fragt: „Sind Sie mit Herrn Soundso
oder mit Frau Soundso bekannt?" so antworten Sie ent=
weder: „Ich habe noch nicht das Vergnügen gehabt" oder
20 „Ich habe schon das Vergnügen gehabt." Seien Sie aber
vorsichtig und sagen Sie nicht: „Ich habe das Vergnügen,
den Herrn oder die Dame nicht zu kennen." Es mag viel=
leicht ein Vergnügen sein, aber Sie müssen das nicht sagen;
das ist nicht fein. Sie dürfen sich auch selber vorstellen.
25 Dann sagen Sie: „Erlauben Sie, daß ich mich vorstelle,
mein Name ist X." Offiziere und Studenten stellen sich
ganz kurz vor. Sie machen einfach eine Verbeugung und
nennen dann ihren Namen. Wenn Sie nun nach Hause
gehen wollen, so machen Sie eine Verbeugung und sagen:
30 „Ich empfehle mich."

So, jetzt wissen Sie, was der gute Ton in Deutschland

ift. Merken Sie ſich: „Mit dem Hute in der Hand kommt man durch das ganze Land.“ Und jetzt, adieu. Ich wünſche Ihnen eine gute Reiſe. Schreiben Sie auch einmal. Auf Wiederſehen!

Vergnügungen

In unſerer Stadt gibt es allerhand Vergnügungen. Wir 5 haben ein ſehr ſchönes Opernhaus, wo Opern und Operetten gegeben werden. Wenigſtens einmal den Monat gehen wir in das Opernhaus. Wir möchten allerdings öfter hingehen, aber die Eintrittspreiſe ſind ziemlich hoch und oft fragen wir uns: „Sollen wir heute ins Opernhaus gehen oder ſollen wir 10 Kalbsbraten mit Butterſauce und neuen Kartoffeln eſſen?“ Seit Oktober waren wir ſchon dreimal im Opernhaus. Wir haben „Lohengrin“ von Wagner, „Don Juan“ von Mozart und „Der Freiſchütz“ von Weber gehört. Nächſte Woche wird eine Operette „Der Bettelſtudent“ gegeben; vielleicht gehen 15 wir hin.

Zuweilen gehen wir auch ins Schauſpielhaus. Hier wer= den Schauſpiele, Trauerſpiele, Luſtſpiele, Volksſtücke und Schwänke gegeben. Das Repertoire des Schauſpielhauſes iſt ſehr reichhaltig. Seit Anfang der Saiſon waren wir 20 ſchon ſechsmal im Schauſpielhaus. Im vorigen Jahr waren wir ſogar abonniert. Ein Abonnement im Schauſpielhauſe koſtet ſechzig Mark, und ſechzig Mark iſt ein ziemliches Stück Geld. Dieſes Jahr ſind wir nicht abonniert. Wir gehen nur dann ins Schauſpielhaus, wenn ein gutes Stück 25 gegeben wird. Am liebſten ſehe ich ein gutes Luſtſpiel. Vorigen Monat wurde „Minna von Barnhelm“ von Leſſing gegeben. Das iſt das beſte Luſtſpiel, das ich je geſehen habe. Mein Vater ſieht am liebſten einen guten Schwank. Vorige

Woche ist er ganz allein ins Schauspielhaus gegangen und
hat „Großstadtluft" von Blumenthal und Kadelburg gesehen.
Meine Schwester, die zur Töchterschule geht, sieht am liebsten
klassische Stücke von Goethe, Schiller, Lessing, Shakespeare
5 und wie die Klassiker alle heißen. Sie hat „Egmont" von
Goethe, „Wilhelm Tell" von Schiller, „Nathan der Weise"
von Lessing und „Der Kaufmann von Venedig" von Shakespeare gesehen. Am liebsten gehen wir Samstags ins
Theater. Wenn wir dann Sonntag morgen um den Früh-
10 stückstisch sitzen, dann sprechen wir über das Stück, das wir
gesehen haben, und brauchen weder an die Schule noch an das
Geschäft zu denken.

Wir haben auch ein sehr schönes Lichtspieltheater in der
Stadt. Ich muß wohl sagen, die Klassiker sind ja sehr gut,
15 und ein gutes Lustspiel ist auch nicht zu verachten, aber
im Lichtspieltheater ist es eigentlich am schönsten. Da ist
es so schön ruhig, die Schauspieler bleiben nicht stecken,
man hört keinen Souffleur und der Eintritt kostet nur zehn
Pfennig.

20 Außer den genannten Vergnügungsplätzen haben wir ein
großes Konzerthaus. Hier werden die großen Musikwerke von
Haydn, Brahms, Händel, Schneider und anderen aufge-
führt. Zuweilen tragen auch berühmte Soloisten, Pianisten
und Violinisten vor. Am liebsten höre ich ein gutes Orgel-
25 konzert.

Unsere Stadt ist auch reich an kleineren Vergnügungen.
So haben wir einen vortrefflichen Zirkus, einen großen reich-
haltigen zoologischen Garten, eine Rollschuhbahn, eine Eisbahn und eine sehr schöne Kegelbahn. Voriges Jahr war
30 sogar Buffalo Bill mit seinen Indianern in unserer Stadt.
Er blieb zwei Wochen, und während dieser Zeit waren unsere

Theater, Konzertfäle und die meiften anderen Vergnügungs=
pläße recht leer.

Wenn ein Onkel, eine Tante oder irgend ein anderer Ver=
wandter uns befucht, fo machen wir wohl auch eine Ausfahrt.
Wir nehmen dann eine Drofchke und zeigen dem Verwand= 5
ten die interefſanten Gegenden unferer Stadt. Ich habe
fogar fchon einmal in einem Automobil gefefſen, und das
werde ich nie vergeffen, auch wenn ich hundert Jahre alt
werde.

Mufik

Jeden Sonntag wird in der Kirche die Orgel gefpielt. 10
Der Organift fißt auf der Orgelbank und fpielt Choräle und
Hymnen. Nach der Predigt fpielt er „Dies ift der Tag des
Herrn" oder „Ein' fefte Burg ift unfer Gott" oder „Nun dan=
ket alle Gott."

Jeden Montag kommt ein Mann mit einer Drehorgel, und 15
jeden Dienstag kommen die Stadtmufikanten. Sie fpielen
die fchönften Volkslieder: „Ich weiß nicht, was foll es be=
deuten" oder „Ach, du lieber Auguftin!" Die Kinder der
Nachbarn kommen zufammen und tanzen dazu.

Jeden Mittwoch= und Samstagnachmittag fpielt die 20
Militärkapelle im Park. Die Mitglieder der Kapelle blafen
auf dem Waldhorn, auf der Trompete, auf der Hoboe und
auf der Flöte. Der Trommelfchläger fchlägt die Trommel,
und der Kapellmeifter fchlägt den Takt. Trompete, Hoboe
und Flöte find Blasinftrumente. 25

Jeden Donnerstag fpielt das Symphonieorchefter. Das
Orchefter hat fechzig Mitglieder. Einige fpielen die Violine,
andere das Cello, wieder andere fpielen auf Blasinftrumenten.

Vor dem Dirigentenpult steht der Dirigent mit dem Takt=
stock und dirigiert.

Jeden Freitag spiele ich Klavier, das heißt, jeden Freitag
muß ich Klavier spielen. Eine halbe Stunde lang mache ich
5 Fingerübungen; dann spiele ich zehnmal die Tonleiter c d e f
g a h c, c h a g f e d c; dann nehme ich die Noten und spiele
ein kleines Stück. Bald darauf kommt der Klavierlehrer
und zeigt mir, wie ich richtig spielen muß. „Junge," fragte
er einmal, „was ist der Unterschied zwischen einem Musiker
10 und einem Musikanten?" Ich wußte es nicht. „Nun,"
sagte er, „ich bin ein Musiker und du bist ein Musikant."

Die Kirchenorgel und die Drehorgel sind Pfeifeninstru=
mente, das Klavier ist ein Saiteninstrument, die Trompete
und die Flöte sind Blasinstrumente, die Violine und das
15 Cello sind Streichinstrumente. In der Kirche hört man
Kirchenmusik, im Salon hört man Kammermusik, in der
Oper hört man Opernmusik, im Konzerthaus hört man
Konzertmusik, auf der Straße hört man Straßenmusik, und
wenn des Nachts die Katzen schreien, so hört man Katzen=
20 musik.

Mahlzeiten

Viele deutsche Familien haben täglich fünf Mahlzeiten.
Die erste Mahlzeit ist das Frühstück. Zum Frühstück wird
nicht viel gegessen. Man trinkt eine Tasse Kaffee, ißt ein
paar Brötchen mit Butter und vielleicht etwas Honig, Mar=
25 melade oder Gelée. Zum zweiten Frühstück, das etwa um
elf Uhr morgens gegessen wird, ißt man schon etwas mehr.
Auf dem Tische steht kalter Aufschnitt, Brot, Käse und But=
ter. Kalter Aufschnitt besteht aus kaltem Fleisch, Schinken
und Wurst. Wer sehr hungrig ist und etwas Warmes essen

möchte, ißt vielleicht auch ein paar Spiegeleier, ein paar gekochte Eier oder Rühreier. Dazu wird Kaffee, Milch oder
Tee getrunken. Das Mittagessen wird um zwei, um drei
oder zuweilen noch später gegessen. Dann gibt es Suppe,
Rindfleisch, Kalbfleisch, Hammelfleisch, Schweinefleisch oder 5
vielleicht auch Fische. Dazu kommen Kartoffeln, die entweder gebraten oder gekocht sind. Zum Fleisch ißt man außerdem etwas Gemüse: Bohnen, Erbsen, Kohl oder Salat.
Zur Nachspeise ißt man Pudding oder Obst. Eine Stunde
nach dem Mittagessen trinken viele Deutsche eine Tasse Kaffee 10
und essen Kuchen dazu. Abends um acht kommt die fünfte
Mahlzeit. Nun gibt es wieder kalten Aufschnitt, Eier, Käse
oder etwas Ähnliches. Dazu wird gewöhnlich Tee getrunken.

Vor dem Essen wird der Tisch gedeckt. Das Dienstmäd-
chen deckt ein weißes Tischtuch über den Tisch. Auf jeden 15
Platz legt sie ein Messer, eine Gabel, einen Eßlöffel und einen
Teelöffel. Auf jeden Platz stellt sie einen großen Teller und
einen kleinen Teller für das Gemüse. Auch legt sie auf jeden
Platz eine Serviette. Die Servietten stecken in Servietten-
ringen. Dann stellt sie die Salzdose, die Pfefferdose, eine 20
Flasche mit Öl, eine Flasche mit Essig und einen Napf mit
Senf auf den Tisch. Wenn der Tisch gedeckt ist, so geht sie
in die Küche und richtet an, das heißt, sie legt den Braten
auf die Bratenschüssel, schüttet die Kartoffeln in die Kartof-
felschüssel und das Gemüse in die Gemüseschüssel. Alle diese 25
Schüsseln werden aber vorher gewärmt, damit alles warm
auf den Tisch kommt. Wenn sie damit fertig ist, so trägt
sie das Essen auf, das heißt, sie setzt die vollen Schüsseln
auf den Tisch. Nun geht sie zur Herrschaft und sagt: „Es
ist angerichtet." Nachmittags zum Kaffee stellt sie auf jeden 30
Platz eine Tasse, die auf einer Untertasse steht.

In vielen Familien wird vor dem Effen ein Gebet ge= sagt. Das sagt gewöhnlich der Hausherr oder eins der Kin= der. Man nennt ein solches Gebet ein Tischgebet. Nach dem Essen sagt man: „Gesegnete Mahlzeit."

5 Bei einem Festessen, bei dem viele Gäste sind, wird der Tisch schön geschmückt. Dazu gibt die Hausfrau ihre besten Leinensachen und ihr bestes Porzellangeschirr heraus. Jeder Herr führt eine Dame zu Tisch; die Dame ist seine Tisch= dame, der Herr ist ihr Tischherr. Das Essen wird von einem 10 oder mehreren Dienern herumgereicht. Einer oder der an= dere bringt einen Toast aus, einer oder der andere hält eine Tischrede. Bei einem Festessen werden viele Speisen gereicht. Auf einer Speisekarte, die auf jedem Platze liegt, kann man die Namen der Speisen lesen. Das Essen ist in Gänge ein= 15 geteilt. Bei einem großen Festessen gibt es wohl acht oder gar zehn Gänge. Wenn das Festessen beendigt ist, so erhebt sich die Dame des Hauses; man sagt dann, sie hebt die Tafel auf.

Eine Fahrt durch die Luft

Schon längst wollte ich einmal eine Fahrt durch die Luft 20 in dem großen Zeppelin „Schwaben" unternehmen. Zwei Dinge haben mich aber immer zurückgehalten; erstens, der Fahrpreis von zweihundert Mark, und zweitens — zweitens, ja zweitens, meine Freunde nannten es Angst. Ich fing an zu sparen, und wie ich endlich zweihundert Mark gespart hatte, 25 siehe da, da war auch die Angst verschwunden. Ich kaufte mir also eine Luftschiffkarte und reiste nun nach Düssel= dorf, wo das Luftschiff aufsteigen sollte. Wie erstaunt war ich, als ich den Koloß in der Nähe sah. Obgleich der Auf= stieg um zehn Uhr erfolgen sollte, hatte man um acht Uhr

schon alle Vorbereitungen beendet. Das Luftschiff war aus
der Halle herausgezogen worden. Die Steuerleute, die Mon-
teure und der Fahringenieur waren an ihren Plätzen. Nur
der Führer spazierte draußen umher und beantwortete die
vielen Fragen, welche von den Fahrgästen an ihn gerichtet 5
wurden. Da erfuhr ich die folgenden Einzelheiten:

Das Luftschiff ist 148 Meter lang und besteht aus 18
Gaszellen. Das ganze Gerippe des Luftschiffs besteht aus
Aluminium und ist mit einem Baumwollstoff überzogen.
Unterhalb des Luftschiffs sind zwei Gondeln. Die vordere 10
Gondel heißt die Führergondel. Hier hat der Führer seinen
Stand. Alle Apparate, mit der das Luftschiff gelenkt wird,
und ein Motor von 125 Pferdekräften befinden sich in der
Führergondel. In der hinteren Gondel sind zwei Motoren
von je 125 Pferdekräften. Die Motoren werden mit Benzin 15
getrieben. Der vordere Motor treibt ein Paar Luftschrau-
ben mit je zwei Flügeln. Die hinteren Motoren treiben
je eine Luftschraube mit vier Flügeln. Mit den großen
Steuerflächen, die am vorderen und am hinteren Ende des
Luftschiffs angebracht sind, wird das Luftschiff nach oben oder 20
unten, nach rechts oder links gelenkt. Zwischen den beiden
Gondeln in der Mitte des Luftschiffs hängt die Passagierkabine. Da drinnen sieht es aus, wie in einem eleganten
amerikanischen Pullmanwagen. In der Passagierkabine ist
Platz für vierundzwanzig Personen. An beiden Seiten stehen 25
elegante Korbstühle, und auf dem Boden liegt ein schöner
weicher Teppich. Aus großen Fenstern kann man ungestört
in die Ferne blicken. Das ganze Luftschiff wiegt etwa 10,000
Pfund; außer seinem eigenen Gewicht kann es ungefähr noch
10,000 Pfund tragen, wovon ungefähr 3,000 Pfund auf 30
Benzin und Öl kommen.

Eine Viertelstunde vor dem Aufstieg hieß es: „Alle ein=
steigen." Eine kleine Treppe führte zur Passagierkabine hin=
auf. Richtig, es war alles so wie der Führer gesagt hatte;
wie in einem amerikanischen Pullmanwagen sah es aus.
5 In wenigen Minuten waren alle Plätze besetzt. Gesprochen
wurde nur wenig. Einer sagte: „Da wären wir jetzt," ein
anderer sagte: „Also!" und ein dritter meinte: „Nun." Drau=
ßen standen hunderte von Zuschauern. Noch zwei Minuten.
Plötzlich ertönte ein Surren, und ein leises Zittern ging
10 durch das Luftschiff. Und merkwürdig: auf einmal fiel mir
ein, daß ich meinem Schneider zu Hause noch Geld schulde.
Warum ich gerade in diesem großen Augenblick an meinen
Schneider dachte, weiß ich nicht. Da ertönte ein schriller
Pfiff. „Nun geht es gleich los," sagte ich zu meinem Nach=
15 bar. „Ja," antwortete er, „das Chronometer zeigt auf zehn,
. die Luftfahrtgesellschaft ist sehr präzise; sie macht der Eisen=
bahn noch einmal Konkurrenz." „Das glaube ich kaum,"
erwiderte ich, „denn——." „Sehen Sie nur," rief mein
Nachbar, „wir sind ja schon mitten in der Luft." In der
20 Tat. Wir hatten vom Aufstieg nichts gemerkt. Nun sahen
wir unter uns die Menschen und Häuser kleiner und kleiner
werden. Welch ein Ausblick! Da lag der Vater Rhein im
Glanze der Sonne, in der Ferne Dörfer, Felder, Berge und
Wälder, ein unvergleichlich schönes Panorama. Jetzt wurde
25 es in der Kabine lebendig. Fremde, die sich nie im Leben
gesehen hatten, lächelten sich an, und jeder tat, als ob er seit
seiner Geburt schon geflogen hätte. Ein Herr hatte ein
langes Fernrohr, durch das er beständig nach Westen blickte.
Er behauptete steif und fest, daß er die Türme von Köln ge=
30 nau sehen könne. Endlich sah er seinen Fehler ein, denn die
Stadt Köln lag in südlicher Richtung. Ein junger Mann,

der luſtigſte der ganzen Geſellſchaft, zog ein kleines Opern=
glas hervor und ſagte nun zum großen Gelächter der übrigen:
„Ich will doch einmal ſehen, was für ein Kleid meine
Schwiegermutter in Berlin heute trägt.“

Während wir nun ſo ruhig dahin flogen, erſchien auf ein= 5
mal ein Luftſchiffſteward und verteilte Speiſekarten. Und
das muß ich ſagen, wenn man eine Luftſchiffſpeiſekarte lieſt,
ſo bekommt man Hunger und Durſt, wenn man gar nicht
hungrig und durſtig iſt. Es gab freilich nur kalte Gerichte,
wie Paſtete, Kaviar, Hummer, kalter Aufſchnitt, Salat, 10
Früchte und ähnliche Delikateſſen, aber alles ſchmeckte vor=
züglich und ich dachte bei mir: „So lebt man im Himmel.“
Dabei kam mir aber auch gleich der traurige Gedanke: „Näher
zum Himmel, als du jetzt biſt, kommſt du vielleicht doch nicht.“
Nach dem Eſſen wollte ich mir eine Zigarre anzünden, da kam 15
aber der Steward und ſagte: „Mein Herr, Sie dürfen nicht
rauchen. Das könnte ſchlimme Folgen haben.“

Nach etwa vierzig Minuten hatten wir die Stadt Köln
erreicht, wo wir in einem großen Kreiſe um die Türme des
Doms herum fuhren. Bis in die Straßen konnte man hinab 20
ſehen, wo die Menſchen wie Ameiſen umher krabbelten. Zwei=
mal fuhren wir über die Stadt hinweg, ehe das Luftſchiff ſich
zur Rückfahrt nach Düſſeldorf wendete. Nach etwa zwei
Stunden waren wir wieder auf feſtem Boden.

Moderne Erfindungen

Das Telephon iſt eine praktiſche Erfindung. Herr Pro= 25
feſſor bringt einen Freund zum Abendbrot. Schnell geht
die Frau Profeſſor an das Telephon. Sie macht das Tele=
phonbuch auf. Auf Seite hundert ſteht: „Schmidt, Deli=

kateſſengeſchäft, Amt zwei, Nummer 97.“ Sie nimmt das
Hörrohr ab und horcht. Eine Stimme ſagt: „Hier Amt
eins.“ Frau Profeſſor ruft: „Bitte Amt zwei.“ Bald ruft
eine Stimme: „Hier Amt zwei.“ Frau Profeſſor ruft:
5 „Bitte, Nummer 97, Schmidt, Delikateſſengeſchäft.“ Frau
Profeſſor horcht wieder. Jetzt ruft eine Stimme: „Hier
Delikateſſengeſchäft Schmidt, wer dort?“ „Hier Frau Pro=
feſſor Hausſchild,“ ruft Frau Profeſſor, „Herr Schmidt,
bitte ſchicken Sie mir ſofort ein Pfund Butter, ein halbes
10 Pfund Käſe und ein viertel Pfund Schinken.“ „Jawohl,
Frau Profeſſor,“ ſagt die Stimme, „ſonſt noch etwas?“
„Nein,“ ſagt Frau Profeſſor, „Schluß.“ Ja, das Telephon
iſt eine praktiſche Erfindung. Wenn jemand im Hauſe
krank iſt, ſo telephoniert man zum Doktor; wenn Feuer im
15 Hauſe ausbricht, ſo telephoniert man zum Feuerwehramt;
wenn ein Dieb im Hauſe iſt, ſo telephoniert man zum Po=
lizeiamt. Wenn es Suppenfleiſch zum Mittageſſen gibt,
ſo telephoniert man: „Liebe Frau, ich kann zum Eſſen nicht
nach Hauſe kommen, ich muß heute in der Stadt bleiben;
20 ich bin ſehr beſchäftigt; Schluß.“

Der Telegraph iſt auch eine ſehr praktiſche Erfindung.
Wenn man kein Geld hat, geht man auf das Telegraphen=
amt und gibt ein Telegramm auf: „Herrn Auguſt Lehmann,
Berlin, Regentenſtraße 30. Bitte ſchicke ſofort zweihundert
25 Mark. Habe ein Bein gebrochen. Wilhelm.“ „Der arme
Wilhelm,“ ſagt der Papa. Dann geht er auf das Telegra=
phenamt und gibt auch ein Telegramm auf: „Herrn Wilhelm
Lehmann, studiosus philosophiæ, Heidelberg. Bin mor=
gen um zehn ſelbſt in Heidelberg. Bringe das Geld mit.
30 Papa.“

Der Telegraph iſt eine ſehr praktiſche Erfindung.

Haustiere

Das Pferd, der Ochse, die Kuh, der Hund und die Katze sind Haustiere.

Das Pferd ist ein nützliches Haustier. Das Reitpferd trägt den Reiter, das Wagenpferd zieht die Equipage oder die Droschke, das Arbeitspferd zieht den schweren Wagen oder den Pflug. Abends nach der Arbeit führt man das Pferd in den Stall.

Der Ochse ist auch ein sehr nützliches Haustier. Er gibt uns sein Fleisch. Aus seiner Haut macht man Leder, aus seinen Hörnern werden viele nützliche Sachen gemacht.

Die Kuh gibt uns ihre Milch. Jeden Tag geht die Bauersfrau auf die Wiese oder in den Stall und melkt die Kuh. Aus der Milch wird Käse und Butter gemacht. Wenn die Kuh alt ist und keine Milch mehr gibt, so wird sie geschlachtet. Das Fleisch wird gegessen, und aus der Kuhhaut wird Leder gemacht.

Der Hund bewacht das Haus. Wenn ein Dieb in das Haus will, so bellt der Hund. Wenn der Dieb hört, daß ein Hund im Hause ist, so sagt er: „In dieses Haus kann ich nicht hinein. Ich will einmal das nächste Haus versuchen, ich glaube, im nächsten Hause ist kein Hund.“ Der Hund ist ein sehr treues und kluges Tier. Er kennt seinen Herrn schon von ferne und läuft ihm entgegen.

Die Katze fängt Mäuse. Des Nachts, wenn alles ruhig im Hause ist, schleicht sie umher. Wenn nun die Maus aus ihrem Loche kommt und ein wenig in die Speisekammer gehen will, so sagt die Katze: „Nein, das geht nicht. Du bist überhaupt ein ganz unnützes Tier.“ Ein Sprung, und die Maus ist gefangen.

Wenn ein Menſch viel arbeitet, ſo ſagt man: „Er arbeitet
wie ein Pferd." Wenn jemand ſehr dumm iſt, ſo ſagt man:
„Er iſt ſo dumm wie ein Ochſe." Wenn er ſehr ſchlau iſt,
ſo ſagt man: „Er iſt ſchlau wie eine Katze."

Ein wenig Geographie

5 Deutſchland liegt in Europa. Seine Grenzen ſind im
Norden die Nordſee, Dänemark und die Oſtſee, im Oſten
Rußland, im Süden Öſterreich und die Schweiz, im Weſten
Frankreich, Belgien und die Niederlande. Die größten Flüſſe
Deutſchlands ſind: der Rhein, die Elbe, die Oder, die Weich=
10 ſel und die Donau. Die größten Städte Deutſchlands ſind:
Berlin, Hamburg, München, Frankfurt am Main, Leipzig,
Dresden, Köln, Königsberg und Breslau.

Deutſchland beſteht aus ſechsundzwanzig Staaten. Von
dieſen Staaten ſind vier Königreiche, ſechs Großherzogtümer,
15 fünf Herzogtümer, ſieben Fürſtentümer, drei freie Städte.
Dazu kommt das Reichsland Elſaß=Lothringen.

Die vier Königreiche heißen: Preußen, Bayern, Sachſen
und Württemberg. Preußen iſt das größte Königreich. Der
König von Preußen iſt auch Deutſcher Kaiſer. Die freien
20 Städte Hamburg, Lübeck, Bremen ſind Republiken.

Das Deutſche Reich iſt eine Monarchie. Die Regierung
des Reiches liegt in Händen des Bundesrats, des Reichstags
und des Deutſchen Kaiſers. Der Bundesrat vertritt die
Staaten des Reiches, der Reichstag vertritt das deutſche
25 Volk. Die Mitglieder des Bundesrats werden von den
Regierungen der Staaten ernannt; die Mitglieder des Reichs=
tags werden vom Volke erwählt. Die Wahl der Reichs=
tagsmitglieder iſt, wie in Amerika, geheim. Jeder deutſche

Bürger, der fünfundzwanzig Jahre alt ist, darf wählen.
Nur Männer haben das Recht zu wählen. Berlin ist der
Sitz der Bundesregierung. Der Bundesrat und der Reichs=
tag haben ihre Sitzungen in Berlin. In Berlin wohnen der
Kaiser, der Reichskanzler und die Gesandten anderer Reiche. 5
Deutschland ist über zweihunderttausend Quadratmeilen
groß und hat ungefähr fünfundsechzig Millionen Einwohner.

Die Reise durch Deutschland

Wir wollen jetzt sehen, wie schnell man durch Deutschland
reisen kann:

Wer von Berlin an die russische Grenze gehen will, nach 10
Eydtkuhnen, muß 750 Kilometer reisen. In der Morgen=
frühe kannst du ganz ruhig den Kaffee trinken; wenn du dann
Abschied genommen hast und pünktlich neun Uhr vormittags
auf dem Bahnhof Alexanderplatz stehst, so kommt der Schnell=
zug, der dich mitnimmt. Am Ende desselben Tages, bald 15
nach zehn Uhr abends, bist du in Eydtkuhnen, dem letzten
Orte auf deutschem Boden; bevor es Mitternacht schlägt, bist
du im russischen Reiche.

Nach Metz im Westen dauert die Reise etwas länger.
Von Berlin bis dahin macht die Eisenbahn manche Krüm= 20
mungen, so daß du im ganzen über 820 Kilometer reisen
mußt. Wem sich aber die Augen leicht schließen, der kann
die Strecke bis Frankfurt a/M im Schlafe machen. Abends
acht Uhr fährst du von Berlin ab, genau nach zwölf Stunden
nimmst du in der reichen Handelsstadt am Main deinen Kaf= 25
fee ein. Mittags gegen zwei Uhr bist du an der lothringi=
schen Grenze.

Um also das Deutsche Reich von der französischen Grenze

bis nach Oſtpreußen zu durchreiſen, würdeſt du nicht mehr
als vierunddreißig Stunden gebrauchen. Du könnteſt da=
zwiſchen in Berlin noch einen Spaziergang „Unter den
Linden" gemacht haben, um den Füßen einige Bewegung zu
5 verſchaffen.

Auf dem Ball

Beim Rechtsanwalt Zelle iſt heute abend großer Ball.
Vierzig Perſonen ſind zu dieſem Balle eingeladen. Alle ein=
geladenen Perſonen ſind im Ballanzug. Die Damen tra=
gen weiße Ballkleider, Ballſchuhe, lange weiße Handſchuhe
10 und Blumen im Haar. In der Hand tragen ſie einen
Fächer und ein Bukett Blumen.

Die Herren tragen einen ſchwarzen Frack, ſchwarze Bein=
kleider, weiße Weſte, weiße Halsbinde, Lackſchuhe, weiße
Glacéhandſchuhe und den Zylinder.

15 Wenn man in den Ballſaal tritt, macht man eine Ver=
beugung; dann begrüßt man Frau Rechtsanwalt Zelle und
Herrn Rechtsanwalt Zelle. Darauf ſpricht man auch einige
Worte mit bekannten Herren und Damen. Jetzt werden
Tanzkarten herumgereicht. Jede Dame und jeder Herr
20 erhält eine Tanzkarte. Auf der Tanzkarte ſtehen die Namen
der Tänze: Polonäſe, Polka, Polka=Mazurka, Rheinländer,
Walzer, Galopp und Quadrille. Zum Schluß kommt ein
allgemeiner Rundgang.

Jeder Herr, der tanzen kann, engagiert für jeden Tanz
25 eine Dame. Den Namen der Dame ſchreibt er neben dem
Namen des Tanzes auf die Tanzkarte, und die Damen ſchrei=
ben den Namen des Herrn, der ſie engagiert hat, auf ihre
Tanzkarte. Bald fängt die Muſik an zu ſpielen. Nun geht
jeder Herr auf ſeine Dame zu und macht eine Verbeugung.

Die Dame nickt lächelnd mit dem Kopf, steht auf und der Tanz beginnt.

Nach dem Tanze führt der Herr seine Dame wieder an ihren Platz zurück und dankt ihr mit einer Verbeugung. Die Dame erwidert den Dank mit einem Kopfnicken. Bald 5 fängt die Musik wieder an zu spielen, und der Herr geht auf die Dame zu, die er für den nächsten Tanz engagiert hat.

Beim Tanzen muß der Herr recht vorsichtig sein. Er darf der Dame nicht auf den Fuß treten, denn erstens tut das weh, zweitens ist es nicht höflich und drittens ist es sehr 10 ungeschickt. Aber nicht alle Menschen sind vorsichtig, höflich und geschickt. Wenn ein solcher Mensch einer Dame auf den Fuß tritt, so sagt er: „Verzeihen Sie, gnädiges Fräulein, es soll nicht wieder geschehen."

Wenn auf einem Balle mehr Damen als Herren sind, so 15 können nicht alle Damen zugleich tanzen. Einige Damen bleiben dann auf ihrem Stuhl sitzen und sehen zu, wie die anderen tanzen. Solche Damen nennt man Mauerblümchen. Aber bei Zelles kommt das nicht vor. Zelles laden immer ebenso viele Damen wie Herren ein. Im Laufe des 20 Abends werden Erfrischungen herumgereicht, und nach dem ersten Teil des Programms findet das Souper statt.

Am Schluß geht man zu Herrn und Frau Rechtsanwalt und sagt: „Erlauben Sie, daß ich Ihnen meinen aufrichtigen Dank für den genußreichen Abend ausspreche." Wer ein 25 rechter Kavalier ist, wählt sich eine Dame und sagt zu ihr: „Ich bitte um die Ehre, Sie nach Hause geleiten zu dürfen." Dann nickt die Dame freundlich mit dem Kopfe und sagt: „Ich danke für Ihre Liebenswürdigkeit, aber ich habe bereits Begleitung. Darauf macht der Kavalier ein recht 30 dummes Gesicht und geht allein nach Hause.

PART II

GERMAN DIALOGUES

GERMAN DIALOGUES

Schulzes im Restaurant

Vater: Kellner, dieses Tischtuch ist nicht rein.

Kellner: Eine Minute, bitte, ich hole sofort ein reines.

Mutter: Karlchen, nimm die Hände vom Tisch.

Karlchen: Papa hat auch die Hände auf dem Tisch.

Vater: Junge, du bekommst gleich eins an die Ohren! 5
Kellner, die Speisekarte. Was soll ich bestellen, Amalie?

Mutter: Ich esse einen Teller Suppe, und du, Karlchen, was möchtest du essen?

Karlchen: Ein Stück Torte.

Mutter: Aber Karlchen, mit Torte fängt man nicht an. 10

Karlchen: Mama, heute morgen hast du gesagt, ich darf essen, was ich will.

Mutter: Aber Karlchen!

Vater: Junge, gleich bekommst du eins an die Ohren!
Kellner, dreimal Suppe. Was wünschest du als Vorspeise, 15
Amalie, Pastete oder Fisch?

Mutter: Ich ziehe Fisch vor.

Vater: Also dreimal Fisch — und — Kellner, bringen
Sie mir eine andere Serviette, diese hier ist mir nicht rein
genug. 20

Karlchen: Mama, die Frau am nächsten Tisch sieht
immer deinen Hut an.

Mutter: Willst du ruhig sein, Karlchen! Kümmere dich
um deine eigenen Angelegenheiten.

Karlchen: Mutter, was sind „Angelegenheiten"? 25

77

Vater: Junge, wenn du nicht sofort ruhig bist, bekommst du eins an die Ohren. Wo kommt denn der Zug her? Oberkellner, lassen Sie doch das Fenster schließen; es zieht hier furchtbar.

5 Oberkellner: Sofort, mein Herr.

Mutter: Karlchen, schämst du dich nicht, lege sofort die Serviette hin und gebrauche dein Taschentuch.

Vater: Junge, wenn du noch einmal — — Ah! da kommt die Suppe, ich bin aber auch sehr hungrig.

10 Kellner: Welche Fleischspeise ist gefällig?

Karlchen: Papa, bestelle mal gefüllte Ente mit Champagnersauce, die kostet nur drei Mark die Portion — — Au!

Mutter: Warum schreist du "Au!" Karlchen?

Karlchen: Papa hat mir unter dem Tisch einen mit dem 15 Fuß gegeben!

Vater: Junge — ich — also, Amalie, welche Fleischspeise wünschest du?

Mutter: Irgend eine, bestelle nur zusammen.

Vater: Gut, also, Kellner, eine Doppelportion Wiener= 20 würste mit Sauerkraut.

Karlchen: Papa, weißt du, wie Fritz Schmidt Wiener= würste nennt?

Vater: Willst du wohl sofort ruhig sein und deine Suppe essen. Die Suppe ist etwas zu salzig, findest du das nicht 25 auch, Amalie?

Mutter: Ja, der Koch ist gewiß verliebt gewesen.

Karlchen: Mama, was heißt das: "verliebt"?

Mutter: Das ist eine Redensart, Karlchen, man sagt das, wenn das Essen zu salzig ist. Es hat etwas mit dem 30 Salz der Liebe zu tun.

Vater: So, nun kommt der Fisch an die Reihe. Karl=

chen, paß nur auf, daß du keine Gräte in den Hals bekommst.
Beim Fischessen darf man nicht sprechen.

Mutter: Karlchen, willst du wohl sofort die Hand aus
der Zuckerdose nehmen? Man nimmt Zucker mit der Zucker-
zange.   5

Karlchen: Papa nimmt zu Hause den Zucker auch immer
mit der Hand.

Vater: Junge, jetzt bekommst du aber gleich eins an die
Ohren! Was für Kartoffeln und welches Gemüse wünschst
du, Amalie?   10

Mutter: Ich nehme Bratkartoffeln und Spargel.

Karlchen: Ich will auch Spargel.

Vater: Du bist ruhig. Ich glaube, ich nehme Salat;
Spargel ist mir zu teuer.

Mutter: Dann nehme ich auch Salat.   15

Vater: Kellner, zweimal Bratkartoffeln und zweimal
Salat. Halt, Kellner, wir bekommen ja Sauerkraut mit
den Würsten, also keinen Salat.

Karlchen: Papa, warum sagst du immer „zweimal?“
Wir sind doch drei, du solltest doch dreimal sagen.   20

Vater: Kümmere dich um deine eigenen Angelegenheiten.
Hast du mich verstanden?

Karlchen (leise, für sich): Schon wieder „Angelegenheiten.“ Mama, sieh mal, wie blank die Messer, Gabeln und
Löffel sind, unsere zu Hause sind nie so blank.   25

Mutter: Sei ruhig! Reiche mir die Brötchen, bitte.

Vater: Ah! da kommen die Würste. Kellner, bitte etwas
Senf und Pfeffer.

Kellner: Ist sonst noch etwas gefällig?

Karlchen: Ja, wir wollen Kuchen. Ich möchte ein 30
großes Stück Apfeltorte.

Vater: Habe ich dich gefragt? Gleich bekommst du eins an die Ohren! Kellner, zwei Tassen Kaffee. Ja — und — bringen Sie dem Jungen eine halbe Portion Apfeltorte.

Karlchen: Nur eine halbe Portion?

5 Vater: Wenn du noch ein Wort sagst, bekommst du aber wirklich eins an die Ohren! —— Kellner, geben Sie mir die Rechnung. Was? Sie rechnen zehn Pfennig extra für Zucker?

Kellner (verlegen): Ja, der Kleine hat sich die Tasche 10 mit Zucker gefüllt, der Oberkellner hat gesagt, ich solle es auf die Rechnung setzen.

Vater: Gut—bitte, wollen Sie nachzählen. Hier haben Sie ein Trinkgeld.

Kellner: Danke.

15 Vater (beim Hinausgehen): Warte, Junge, warte, ich werde dich lehren! Zu Hause bekommst du — —

Oberkellner (öffnet die Tür): Bitte, beehren Sie uns bald wieder.

In der Sprechstunde

Patient: Guten Morgen, Herr Doktor.

20 Doktor: Guten Morgen; bitte, nehmen Sie Platz. Nun, was führt Sie denn zu mir?

Patient: Ach, Herr Doktor, ich fühle mich seit einiger Zeit gar nicht wohl.

Doktor: Das ist aber bedauerlich. Haben Sie denn 25 Schmerzen?

Patient: Ja, dann und wann habe ich heftige Kopf= schmerzen; aber die Hauptsache ist, es wird mir oft schwer, Atem zu holen, außerdem kann ich nicht gut schlafen und habe keinen Appetit.

Doktor: Keinen Appetit? So, so. Wie alt sind Sie?

Patient: Im September werde ich einundfünfzig.

Doktor: Da sind Sie ja noch im besten Alter; und was ist Ihr Beruf?

Patient: Einen Beruf habe ich eigentlich nicht mehr. Ich war früher Tischlermeister, aber seit einem Jahr hat mein Sohn das Geschäft übernommen.

Doktor: Womit füllen Sie denn die Zeit aus?

Patient: O, ich lese die Zeitung, fahre spazieren, gehe auch zuweilen ins Theater oder in den Gesangverein. Sie glauben gar nicht, Herr Doktor, wie schnell die Zeit vergeht.

Doktor: Sie sagten vorhin, Sie hätten keinen Appetit; erzählen Sie mir doch einmal, was Sie heute gegessen haben.

Patient: Heute? Heute habe ich — ja, warten Sie einmal; heute morgen zum Frühstück, zwei gekochte Eier, etwas Schinken, ein paar Brötchen und — das war alles. Zum Mittagessen, ja, was habe ich denn zum Mittagessen gehabt! Richtig, Beefsteak, Bratkartoffeln, Fisch, Bohnen und —, halt, beinahe hätte ich die Suppe vergessen. Die Suppe, ja, das war etwas ganz Feines. Meine Frau kocht eine ganz wunderbare Suppe. Aber, wie gesagt, der Appetit ist fort, ganz fort, wie fortgeflogen.

Doktor: Und zum Abendessen?

Patient: Zum Abendessen? Zum Abendessen hat es nicht viel gegeben. Kalter Aufschnitt, Käse, Spiegeleier, Brot natürlich und Kaffee.

Doktor: Es scheint mir aber, daß Ihr Appetit doch nicht so schlecht ist, wie sie glauben.

Patient: Ach, Herr Doktor, nichts gegen früher. Wie

gesagt, fortgeflogen. Zum Beispiel: Früher konnte ich zwei Pfund Beefsteak ganz alleine aufessen, jetzt habe ich mit einem Pfund schon genug.

Doktor: So! Was ist Ihr Gewicht?

Patient: Richtig, das hätte ich fast vergessen, zu erwähnen. 220 Pfund; denken Sie nur, Herr Doktor, im letzten Jahr habe ich fast dreißig Pfund zugenommen, und das bei dem schlechten Appetit.

Doktor: Lassen Sie mich bitte einmal den Puls fühlen —— Zeigen Sie mir die Zunge —— Das genügt. Ich werde Ihnen eine Medizin verschreiben. Nehmen Sie täglich vor dem Essen einen Eßlöffel voll. Außerdem merken Sie sich bitte folgendes: Keine Kartoffeln, kein fettes Fleisch, nicht mehr als 200 Gramm Brot, keine Eier, keinen Kaffee, auch keinen Alkohol.

Patient: Aber ich bitte Sie, Herr Doktor, da bleibt ja nichts mehr übrig.

Doktor: Keinen Alkohol habe ich gesagt; nach dem Essen gehen Sie eine Stunde spazieren, also drei Stunden jeden Tag —

Patient: Nach dem Essen?

Doktor: Ja, nach dem Essen; und dann noch eins: Rauchen Sie?

Patient: Ich kann's nicht mehr vertragen, Herr Doktor; früher konnte ich eine Zigarre nach der anderen rauchen, den ganzen Tag; jetzt rauche ich kaum noch fünf.

Doktor: Also, das Rauchen müssen Sie ganz aufgeben, jede Zigarre ist ein Nagel zu Ihrem Sarg. So, jetzt gehen Sie ruhig nach Hause, und wenn Sie meinem Rat folgen, können Sie achtzig Jahre alt werden, wenn nicht, so sind Sie in vier Wochen tot.

Patient: Tot! Sie erschrecken mich.

Doktor (in das Wartezimmer hinein rufend): Der nächste Patient, bitte!

Patient: Was schulde ich Ihnen für die Konsultation?

Doktor: Zwanzig Mark, bitte. 5

Patient (beim Hinausgehen, für sich): Keine Kartoffeln, keine Eier, keinen Kaffee, überhaupt nichts trinken, keine Zigarren—und zwanzig Mark. Da sterbe ich lieber in vier Wochen.

Beim Friseur

Friseur: Haarschneiden oder Rasieren? 10

Kunde: Beides.

Friseur: Wollen Sie bitte Platz nehmen?

Kunde: Geben Sie mir das Berliner Tageblatt — Danke.

Friseur: Also Haarschneiden zuerst. Mit der Maschine 15 oder mit der Schere?

Kunde: An den Schläfen und am Hinterkopf mit der Maschine, und zwar so kurz wie möglich; das übrige mit der Schere, nicht zu kurz.

Friseur (zum Lehrling): Otto, die Maschine! stelle sie 20 auf einen Millimeter! (Zum Kunden): Schönes Wetter heute, nicht wahr?

Kunde: Ja.

Friseur: Aber es wird schon etwas kalt.

Kunde: Ja. 25

Friseur: Die Zeitung schreibt, es habe gestern abend in Flensburg geschneit.

Kunde: So?

Friseur: Ja, gestern abend.

Kunde: Es zieht hier ja ganz furchtbar; wollen Sie bitte die Tür schließen lassen?

Friseur: Jawohl, gerne. Otto, schließe die Tür! Sehr windig heute.

5 Kunde: Ja.

Friseur: Für September ist das Wetter eigentlich schon recht unangenehm.

Kunde: Ja, sehr unangenehm.

Friseur: Nicht wahr? sehr unangenehm. Das Geschäft 10 leidet darunter.

Kunde: So?

Friseur: Ja, das Geschäft leidet darunter; überhaupt, man klagt überall über das schlechte Geschäft.

Kunde: Ja, das Geschäft ist augenblicklich sehr schlecht.

15 Friseur: Und dazu kommt noch das neue amerikanische Zollgesetz.

Kunde: O, ich meine, das kann für unser Exportgeschäft nur günstig sein.

Friseur: Ja, das sage ich auch. Wollen Sie bitte ein= 20 mal in den Spiegel sehen? Ist es so recht?

Kunde: Nehmen Sie oben noch ein wenig mehr ab! So ist es recht.

Friseur: Wünschen Sie Öl, Pomade oder Kopfwas= ser?

25 Kunde: Ein wenig Kopfwasser, bitte.

Friseur: Tragen Sie den Scheitel rechts, links oder in der Mitte?

Kunde: Ich trage überhaupt keinen Scheitel.

Friseur: Also überhaupt keinen Scheitel. Das steht 30 Ihnen auch viel besser. So, wollen Sie sich jetzt bitte zum Rasieren zurücklegen?

Kunde: Rasieren Sie bitte recht vorsichtig; ich habe eine sehr empfindliche Haut.

Friseur (zum Lehrjungen): Otto, zieh das schmale Rasiermesser ab. Sie haben einen recht starken Bart.

Kunde: So? Sie sind der erste Friseur, der das sagt. 5

Friseur: Ja, das heißt, ich meine Ihre Haut scheint sehr empfindlich zu sein.

Kunde: Ihr Messer scheint nicht sehr scharf zu sein.

Friseur (leise zum Lehrling): Du Esel, weißt du noch immer nicht, wie man ein Rasiermesser abzieht? Und du 10 willst Geselle werden? Ich werde dich hinauswerfen.

Lehrling (leise): Selbst Esel.

Friseur: Der Präsident Wilson muß ein sehr tüchtiger Mann sein. Man erzählt mir, daß er als junger Mann auch Friseur gewesen ist. 15

Kunde: Unsinn, Professor ist er gewesen.

Friseur: So? Ja, da drüben kann wohl jeder Präsident werden. Ich wollte auch schon mal nach Amerika, aber meine Frau sagte zu mir: „Bleib daheim und nähre dich red= lich." 20

Kunde: Da hat Ihre Frau gewiß recht gehabt.

Friseur: Ja, ja, die Frauen! O, entschuldigen Sie, habe ich Sie geschnitten?

Kunde: Ja, warum passen Sie denn nicht besser auf!

Friseur: In England, da soll es ja furchtbar hergehen. 25 Die Frauenrechtlerinnen setzen wohl noch das Parlament= gebäude in Brand.

Kunde: Nun, lassen Sie mal die Frauenrechtlerinnen in Ruhe und seien Sie ein wenig vorsichtiger; Sie haben mich schon wieder geschnitten. 30

Friseur: Das kommt Ihnen wohl nur so vor (leise zum

Lehrling): Den Alaun, Otto! (Zum Kunden): So, wünschen Sie Eau de Cologne oder Puder?

Kunde: Puder.

Friseur: Soll ich den Schnurrbart brennen oder wün=
5 schen Sie eine Bartbinde?

Kunde: Keins von beiden; nur kämmen mit einem feinen Kamm und die Enden hoch drehen.

Friseur: Der Kaiser soll ja seit kurzer Zeit sehr gegen den Alkohol sprechen.

10 Kunde: Da hat der Kaiser ganz recht.

Friseur: Ja, das sage ich auch. So! Otto! den Herrn abbürsten.

Kunde: Wieviel bin ich Ihnen schuldig?

Friseur: Eine Mark fünfzig, wenn ich bitten darf.
15 Danke bestens. Beehren Sie mich bald wieder. Adieu!

Schuhmacher Kurtz und Frau im Theater

Kurtz (an der Kasse): Haben Sie noch gute Plätze?

Kassierer: Parkett oder erster Rang?

Kurtz: Was meinst du, Eva?

Frau Kurtz: Wir sind doch keine Millionäre; zweiter
20 Rang ist gut genug.

Kurtz: Aber Eva, du weißt doch, ich bin kurzsichtig.

Kassierer: Bitte, entschließen Sie sich! Es sind noch andere Theaterbesucher da, die Billete kaufen wollen.

Kurtz: Also, zweiter Rang.

25 Kassierer: Im zweiten Rang sind noch zwei gute Plätze in der dritten Reihe.

Kurtz: Was kosten sie?

Kassierer: Drei Mark.

Kurtz: Was, drei Mark!

Kaffierer: Ja, heute sind erhöhte Preise.

Frau Kurtz: Dann gehen wir auf die Galerie.

Kaffierer: So beeilen Sie sich doch.

Kurtz: Nun gut, zwei Plätze auf der Galerie. 5

Kaffierer: Zusammen zwei Mark, bitte.

Kurtz: Wann beginnt die Vorstellung?

Kaffierer: Präzise sieben Uhr.

——

Kurtz (im Theater): So, da sind wir jetzt. Es scheint recht besetzt zu werden. 10

Frau Kurtz: Das Parkett ist noch ziemlich leer und in den Logen sitzt noch kein Mensch.

Kurtz: Ja, weißt du, die feinen Leute kommen erst kurz vor Beginn der Vorstellung. Gib mir mal das Programm. Ach, ich habe meine Brille vergessen! Was steht denn auf 15 dem Programm? Lies es mal vor.

Frau Kurtz: „Donnerstag, den zwanzigsten Februar, Mein Leopold, Volksstück mit Gesang in fünf Akten von L'Arronge. Anfang präzise sieben Uhr. Die große Pause nach dem zweiten Akt; Spielleitung: Friedrich Wag= 20 ner. Personen: Weigel, Schuhmachermeister, Herr Hoff= mann ——"

Kurtz: Sieh, sieh, ein Schuhmachermeister! Das ist ja interessant. Ich will dir was sagen, Eva, lies nicht weiter, sonst macht es keinen Spaß mehr. Wer spielt den? 25

Frau Kurtz: Herr Hoffmann.

Kurtz: So, der Hoffmann spielt den. Der Hoffmann ist ein sehr guter Schauspieler. Weißt du noch, wir haben ihn im „Verschwender" gesehen. Da hat er freilich einen Tisch= lermeister gespielt und ich konnte nicht recht urteilen, ob er 30

es gut gemacht hat oder nicht. Aber einen Schuhmacher=
meister, ob er den spielen kann? Na, wir werden ja sehen.
Ich bin wirklich sehr gespannt darauf.

Frau Kurtz: Gib mir mal das Opernglas. Ich glaube,
5 da unten sitzt die Rebenholz. Richtig, die Rebenholz im
Parkett.

Kurtz: Ja, die Leute wissen zu leben! Aha! da kommen
die Musiker, nun geht es gleich los. Das kommt mir doch
so bekannt vor, was die da spielen. Kennst du das Stück?

10 Frau Kurtz: Und ein ganz neues Kostüm hat sie an.

Kurtz: Ich hab' dich nicht verstanden, wie heißt das
Stück? Wie das Stück, das sie spielen, heißt, hab' ich ge=
fragt.

Frau Kurtz: Das ist etwas von Wagner, glaube ich.

15 Kurtz: Wagner, Wagner? Der Friedrich Wagner, kom=
poniert der auch?

Frau Kurtz: Christian, mach doch nicht solche dumme
Bemerkungen, die Leute lachen dich ja aus.

Kurtz: Ah, jetzt weiß ich, was sie spielen, das ist der
20 Kutschke=Walzer. (Singend) „Was kriecht da in dem Busch
herum? Ich glaub' es ist Napolium."

Frau Kurtz: Christian! Was fällt dir ein? Sei
ruhig. Die Leute sehen dich ja an. Man muß sich ja mit
dir schämen.

25 Kurtz: Eben hat's geklingelt, jetzt geht's los. Siehst
du, der Vorhang geht hoch. Eva, siehst du etwas von dem
Schuhmachermeister? Ich sehe nichts.

Frau Kurtz: Sei ruhig.

Kurtz: Das kommt davon, wenn man auf die Galerie
30 geht.

Mehrere Stimmen: Ruhe, Ruhe!

(Während der großen Pause)

Kurtz: Nun, was sagst du dazu, Eva? Das ist ein Schuhmachermeister; der weiß zu leben, was?

Frau Kurtz: Aber dumm ist er auch.

Kurtz: Was meinst du mit „auch."

Frau Kurtz: Ich meine nur, wenn er nicht so dumm 5 wäre, so könnte er doch sehen, daß sein Sohn nichts taugt.

Kurtz: Aber Geld hat er. Und weißt du, wie er so viel Geld verdient hat?

Frau Kurtz: Davon ist im Stück doch nichts vorge= kommen. 10

Kurtz: Nein, das stimmt, im Stück ist davon nichts vor= gekommen; aber ich will dir sagen, wie er so viel Geld ver= dient hat: Er hat zu leben gewußt. Er hat den Leuten gezeigt, wie man lebt, und auf diese Weise hat er immer neue Kunden bekommen. Siehst du? Und ich meine, wir machen 15 einen großen Fehler, daß wir auf die Galerie gehen, statt in das Parkett oder auf den ersten Rang. Wer mich hier oben sieht, der sagt: Na, mit dem Schuhmachermeister Kurtz ist auch nicht viel los, der geht auf die Galerie.

Frau Kurtz: Wer sich wohl um dich kümmert. 20

Kurtz: Eva, das verstehst du nicht; dir fehlt der große Geschäftsblick. Was meinst du, wollen wir mal ins Foyer hinuntergehen? Wir haben ja noch zehn Minuten Zeit.

———

(Nach der Vorstellung)

Frau Kurtz: Was sagst du jetzt?

Kurtz: Ja, was soll ich dazu sagen? 25

Frau Kurtz: Aber so geht es vielen. Erst verdienen sie etwas Geld und dann werfen sie es mit vollen Händen

aus dem Fenster. Die Kinder bekommen eine schlechte Er=
ziehung, und zum Schluß wird der Sohn ein Dieb und der
Vater ein Bettler. Ja, wenn noch eine Frau im Hause ge=
wesen wäre, dann wäre alles gut gegangen.

5 Kurtz: Ja, ja, das mag wohl sein, vielleicht, wer kann's
wissen; aber aufrichtig gesagt, Eva, gefallen hat mir das
Stück gar nicht. Was meinst du? Gehen wir irgendwo
hin und trinken eine Tasse Kaffee?

Frau Kurtz: Nein, wir gehen direkt nach Hause.

10 Kurtz: Weißt du, Eva, vorigen Monat, na, wie hieß
denn das Stück, du weißt doch, das Stück, in dem es heißt:
„Sein oder nicht Sein, das ist die Frage."

Frau Kurtz: „Hamlet, Prinz von Dänemark" heißt es.

Kurtz: Richtig, „Hamlet," das war auch nicht schlecht.

Im Kaufladen

15 Verkäufer: Womit kann ich dienen?

Frau Meier: Wir möchten uns Kleiderstoffe ansehen.

Frau Dreier: Ja, wir möchten uns Kleiderstoffe an=
sehen.

Verkäufer: Was für Stoffe sollen es sein: wollene,
20 halbwollene, baumwollene, oder vielleicht seidene oder halb=
seidene?

Frau Meier: Ich glaube, wollene.

Frau Dreier: Zeigen Sie uns bitte die halbwollenen
zuerst.

25 Frau Meier: Ja, die halbwollenen zuerst, und dann
können wir ja auch die wollenen ansehen.

Verkäufer: Wir haben eine große Auswahl feiner halb=
wollener Stoffe, darf ich die Damen bitten, hier herüber zu

treten. Ist ein bestimmtes Muster gefällig, vielleicht gestreift oder karriert? Gestreift ist augenblicklich sehr modern.

Frau Meier: Haben Sie einen dunkelblauen fein karrierten Stoff?

Verkäufer: Wie gefällt Ihnen dieses Muster? Es ist 5 das allerneuste.

Frau Dreier: Das ist ein sehr hübsches Muster, aber nicht ganz die Schattierung, die wir suchen.

Frau Meier: Nein, ich glaube auch, daß dies nicht die Schattierung ist, die wir suchen. Haben Sie eine etwas 10 hellere Schattierung mit einem etwas größeren Muster?

Verkäufer: Leider nicht in den halbwollenen Stoffen, aber unter den wollenen Stoffen finden Sie das Gewünschte. Wie gefällt Ihnen dieser dunkelbraune Stoff, dunkelbraun wird augenblicklich sehr viel getragen. 15

Frau Meier: Nein, es muß dunkelblau sein.

Frau Dreier: Ja, dunkelblau muß es sein.

Verkäufer: Darf ich Ihnen die wollenen Stoffe vorlegen?

Frau Meier: Wir bitten drum. 20

Verkäufer: Wollen Sie sich bitte hier herüber bemühen? Ich glaube, ich kann Ihnen das gesuchte Muster in dunkelblauer Schattierung zeigen. Wie gefällt Ihnen dieser Stoff?

Frau Meier: Was sagen Sie, Frau Dreier? 25

Frau Dreier: Das Muster ist sehr hübsch, aber es ist noch immer nicht das richtige; was meinen Sie, Frau Meier?

Frau Meier: Nein, das richtige ist es noch nicht.

Frau Dreier: Wollen Sie nicht die Güte haben, uns die baumwollenen Stoffe zu zeigen? 30

Verkäufer: Wollen sich die Damen bitte auf die andere

Seite des Ladens bemühen? Die Abteilung für baumwollene
Waren ist drüben.

Frau Meier (leise zu Frau Dreier): Merkwürdig, nicht
wahr?

5 Frau Dreier (leise zu Frau Meier): Es ist nicht zu
glauben; ich bitte Sie! baumwollene Waren!

Verkäufer: Wir haben eine ganz vorzügliche Auswahl
baumwollener Kleiderstoffe. Ich glaube auch, daß ich Ihnen
das genaue Muster, nach dem Sie suchen, zeigen kann. Ist
10 es vielleicht dieses? Oder vielleicht dieses? Oder dieses?

Frau Meier: Frau Dreier, was sagen Sie?

Frau Dreier: Nein, das betreffende Muster ist nicht
darunter; was meinen Sie, Frau Meier?

Frau Meier: Ich? Ich meine gar nichts.

15 Frau Dreier: Ich meine, vielleicht weiß der Herr,
was Frau Rebenholz für einen Stoff gekauft hat.

Verkäufer: Frau Rebenholz? Ganz richtig! aber Frau
Rebenholz hat keinen Kleiderstoff, sondern ein fertiges Kostüm
gekauft.

20 Frau Meier: Ein fertiges Kostüm? Was Sie nicht
sagen!

Frau Dreier: Also, ein fertiges Kostüm! Da hätten
wir lange suchen können.

Verkäufer: Die Abteilung für fertige Kostüme befin=
25 det sich im ersten Stock, vorne. Wollen die Damen bitte
in den Lift treten?

Frau Meier (leise zu Frau Dreier): Was sagen Sie
jetzt, Frau Dreier?

Frau Dreier (leise zu Frau Meier): Ich sage gar nichts.

30 Verkäufer (leise zur Verkäuferin): Ich wünsche Ihnen
Glück zu diesen beiden alten Tanten; die schnüffeln seit einer

halben Stunde im Laden herum. (Laut) Fräulein Rübhau-
sen, wollen Sie den Damen bitte fertige Kostüme zeigen?

Verkäuferin: Gewiß, mit dem größten Vergnügen.
Haben die Damen bestimmte Wünsche?

Frau Meier: Wir möchten gerne ein fertiges Kostüm 5
sehen.

Frau Dreier: Ja, dunkelblau karriert mit Spitzenbesatz und großen Perlmutterknöpfen.

Frau Meier: Und mit hellblauem Einsatz.

Frau Dreier: Enge Taille. 10

Frau Meier: Und enger Rock.

Verkäuferin: Ein solches Kostüm kann ich Ihnen zeigen; wir haben zwei davon auf Lager gehabt. Anfang der
Woche haben wir eins verkauft. Frau Apotheker Rebenholz
hat — — — 15

Frau Meier: Bitte zeigen Sie uns das Kostüm.

Verkäuferin: Sie meinen dieses, nicht wahr?

Frau Dreier: Ja, das ist es.

Frau Meier: Stimmt, das Kostüm meinen wir.

Verkäuferin: Wir führen eine große Auswahl der 20
allerneusten Pariser und Wiener Moden, sollte sich diese
Nummer als zu klein erweisen.

Frau Dreier: Ist dies Kostüm reine Wolle?

Verkäuferin: Nein, nur Halbwolle.

Frau Meier: Und wie hoch kommt das Kostüm? 25

Verkäuferin: Fünfzig Mark.

Frau Meier: Nur fünfzig Mark?

Frau Dreier: Das ist ja recht billig.

Verkäuferin: Ja, wir haben seit einer Woche großen
Ausverkauf von übrig gebliebenen Herbstkostümen. 30

Frau Meier: Ausverkauf? Also Ausverkauf!

Frau Dreier: Von Herbſtkoſtümen.

Frau Meier: Die übrig geblieben ſind.

Frau Dreier: Und die kein anſtändiger Menſch trägt. Ja, die Rebenholz, ich habe es Ihnen ja geſagt, liebe Frau Meier.

Verkäuferin: Erlauben die Damen, daß ich Ihnen einige beſſere Qualitäten vorlege? Hier iſt zum Beiſpiel ein Koſtüm, das —— —

Frau Meier: Nicht nötig; wir danken Ihnen beſtens.

Frau Dreier: Nein, durchaus nicht nötig, wir wiſſen ja jetzt genug.

Frau Meier: Was ſagen Sie jetzt, Frau Dreier?

Frau Dreier: Ich? Ich ſage gar nichts. Dieſe Rebenholz! Es iſt ja zum Lachen. Adieu!

Fragen

Das Haus. Seite 3.

Wieviel Zimmer hat unſer Haus? Welche Zimmer ſind unten? Welche Zimmer ſind auch unten? Welche Zimmer ſind oben? Welches Zimmer iſt auch oben? Was iſt ganz oben? Wie heißt das Zimmer, das ganz oben iſt? Wo eſſen wir? Wo wohnen wir? Wo baden wir? Wo ſtudieren wir? Was tun wir im Eßzimmer? Was tun wir im Wohnzimmer? Was tun wir im guten Zimmer? Wann ſitzen wir im guten Zimmer? Wer kommt, wenn wir im guten Zimmer ſitzen? Wo ſchläft das Dienſtmädchen? Was iſt vorne im Hauſe? Wie kommt man in die Zimmer? Was iſt in der Hausflur? Was hat die Treppe? Wohin führt die Treppe? Was iſt über dem erſten Stock? Wo iſt das Dach? Was iſt auf dem Dach? Wo iſt der Keller? Was iſt vor der Hausflur? Wo iſt die Haustür? Wo iſt ein Schild? Wie nennt man ein Schild das an einem Hauſe iſt? Was ſteht auf dieſem Schild? Wie heißt der Mann, der in dieſem Hauſe wohnt? Was iſt neben dem Schild? Wo iſt die elektriſche Klingel? Wo iſt unſer Haus? Was iſt unſere Adreſſe? Wo wohnen wir? Warum öffnet das Dienſtmädchen die Haustür? Was fragt der Mann? Was antwortet das Mädchen? Wer iſt der Mann?

Wieviel Zimmer hat Ihr Haus? Wieviel Schlafzimmer? Wie iſt die Küche Ihres Hauſes, groß oder klein? Wo ſchlafen Sie? Wie ſchlafen Sie, gut oder ſchlecht? Wo eſſen Sie? Eſſen Sie viel oder wenig? Wann ſitzen Sie in Ihrem guten Zimmer? Hat Ihr Haus eine Treppe oder keine Treppe? Wie

95

ist der Schornstein auf Ihrem Dach, hoch oder niedrig? Wo
wohnen Sie, im ersten, zweiten oder dritten Stock? Wieviel
Stock hoch ist Ihr Haus? Wo studieren Sie?

Das Studierzimmer.　Seite 4.

Was steht mitten im Studierzimmer? Wo steht ein großer
Schreibtisch? Was liegt und steht auf dem großen Schreibtisch?
Wo liegen und stehen die Schreibutensilien? Was sind Schreib=
utensilien? Wo sind die Schubladen? In welcher Schublade
liegen Briefe und Briefmarken? Wo liegen die Briefmarken?
Wo liegen auch die Postkarten und die Bonbons? Wie sollen die
Kinder sein? Wann ruft der Vater die Kinder herein? Wann
macht er die rechte Schublade auf? Was gibt er dann jedem
Kinde? Wem gibt er einen Bonbon? Wie nennen die Kinder
diese rechte Schublade? Was liegt aber in der linken Schub=
lade? Wo liegt ein großes Lineal? Wann macht der Vater
diese linke Schublade auf? Wie sollen die Kinder nicht sein?
Warum ist die linke Schublade die böse Schublade? Was ist an
der Wand des Studierzimmers? Wo sind die Bücherregale?
Was steht darauf? Wie heißen die Bücher, die darauf stehen?
Was hängt über den Regalen? Wer waren Goethe, Schiller und
Heine? Wo hängt ein großes Bild? Was für einen Rahmen
hat dieses Bild? Was für ein Bild ist das? Wer ist Wilhelm
der Zweite? Wer ist jetzt Kaiser von Deutschland? Was hängt
unter dem Bilde? Wo ist der Professor? In welchem Zim=
mer ist er? Was steht an einer Wand des Studierzimmers?
Wann zündet der Professor seine Zigarre an? Was macht er
dann fünf Minuten lang? Wo legt er sich hin? Was liest er?
Will er schlafen? Was für ein Dichter war Goethe? Was für
eine Dichtung ist „Faust"? Wovon ist diese Dichtung voll?
Wenn der Professor schläft, was tut er? Wo sitzt die Tante?
Was sagt sie? Was glaubt sie?

Was steht in Ihrem Studierzimmer, in Ihrem Schlafzimmer,
in Ihrem Wohnzimmer? Was für einen Schreibtisch haben Sie,
einen breiten, einen hohen? Von wem ist die Photographie, die
auf Ihrem Tische steht? Wieviel Schubladen hat Ihr Tisch?
Was ist darin, in der rechten, in der linken? Welche Bücher sind
auf Ihren Regalen? Wer waren große amerikanische Dichter?
Was hängt zwischen Ihren Fenstern?

Das Schlafzimmer. Seite 5.

Was steht im Schlafzimmer? Wo steht ein großes Bett?
Was ist in dem Bette? Womit ist die Matratze bedeckt? Was
bedeckt die Matratze? Was liegt über dem Bettuche? Womit
ist das Bettuch gefüllt? Wo liegt ein Kopfkissen? Was liegt
oben auf dem Bett? Womit ist das Kopfkissen gefüllt? Was
liegt vor dem Bette? Was steht neben dem Bett? Wie heißt
dieser kleine Tisch? Was steht auf diesem Tische? Wo steht die
Lampe? Wo steht die Weckuhr? Wo steht der Waschtisch?
Was steht darauf? Woraus besteht das Waschgeschirr? Wofür
ist die kleine Schüssel auf dem Waschtisch? Wozu ist der Krug
auf dem Waschtisch? Was ist über dem Waschtisch? Was
steht auf diesem kleinen Brett? Was ist in der Flasche? Wozu
ist das Wasser da? Was ist daneben? Wo sind die Zahnbür=
sten? Was ist in der Dose? Wo ist der Handtuchhalter? Was
hängt darüber? Was macht man mit Handtüchern? Wo hängt
eine Kleiderbürste? Was macht man mit einer Kleiderbürste?
Was steht an einer Wand des Schlafzimmers? Wozu ist der
Schrank da? Wie heißt ein solcher Schrank? Was hängt darin?
Was sind unten im Kleiderschrank? Wozu sind sie da? Was
steht daneben? Wozu ist dieser kleine Schrank? Wo sind die
Schuhe? Was kann man von den Fenstern des Schlafzim=
mers sehen? Was ist an den Fenstern? Wo sind Vorhänge
und Gardinen? Was macht man, wenn man abends zu Bett

geht? Wann zieht man die Vorhänge herunter? Wo ist der
große Spiegel? Was hängt an den Wänden? Was für Bilder
hängen an den Wänden? Was hängt über dem Bett an der
Wand? Wo ist ein großer Engel? Was für Haar hat der schöne
Engel? Wie sind seine Flügel?

Wie soll ein Bett sein, lang oder kurz, hoch oder niedrig, hart
oder weich? Von welcher Farbe ist Ihr Bettvorleger, rot oder
blau, grün oder gelb, schwarz, braun oder weiß? Ist die Lampe
in Ihrem Schlafzimmer eine Gaslampe, eine Öllampe oder eine
elektrische Lampe? Ist Ihre Weckuhr aus Gold, aus Silber oder
aus Nickel? Schlafen Sie viel oder wenig? Schlafen Sie bei
offenem oder bei geschlossenem Fenster?

Das Hausgerät. Seite 6.

Wie ist das gute Zimmer? Wieviel Fenster hat das gute Zimmer? Was für eine Tür hat es? Was ist an den Fenstern?
Wann zieht man die Vorhänge herunter? Was macht man,
wenn die Sonne scheint? Wo steht ein schöner Tisch? Was befindet sich neben dem Tische? Sind Lehnstühle ganz gewöhnliche
Stühle? Wo stehen die gewöhnlichen Stühle? Wie sind sie gepolstert? Was ist an der Tür des guten Zimmers? Warum
heißt es auch das rote Zimmer? Was steht hinter dem Tisch?
Was steht an der zweiten Wand? Von wem ist das große Bild,
das über dem Klavier hängt? Von wem ist ein anderes Bild?
Und das dritte Bild? Wo liegt ein großer roter Teppich? Wer
setzt sich an das Klavier? Was spielt die Tante? Wer muß
gehen? Was für eine Lampe hängt über dem Tisch im Wohnzimmer? Wie ist der Tisch selbst, rund oder viereckig? Wann
sitzt die Familie um den Tisch? Wo sitzt die Familie abends?
Was tut dann der Vater, die Mutter, die Großmutter? Was
tun die drei Knaben? Was hängt an den Wänden des Wohnzimmers? Hängt der Großvater wirklich an der Wand? Wo

hängt der große Spiegel? Was steht in der Ecke? Wo steht
der Ofen? Was hängt hinter dem Ofen? Was steht in der
Mitte des Eßzimmers? Wo steht das Büfett? Was liegt auf
dem kleinen Serviertisch? Sagen Sie mir, was auf dieser Tischdecke steht. Wo kommt der kleine Kuckuck heraus? Wie oft
kommt er? Was tut er, wenn er einmal heraus ist?

Wie ist die Portiere an der Tür Ihres guten Zimmers, rot
oder blau, grün oder gelb, schwarz, braun oder weiß? Von welcher
Farbe ist der Teppich? Wie ist der Teppich, weich oder hart, alt
oder neu, klein oder groß, rein oder schmutzig? Wie sind die Fenster
Ihres Zimmers, hoch oder niedrig, breit oder eng? Was für
Bilder hängen an den Wänden Ihres Zimmers: Bilder vom
Bruder, von der Schwester, von den Großeltern, von den Eltern,
von der Tante, vom Onkel?

Die Küche. Seite 7.

Welches Zimmer ist hinten im Hause? Wo ist das Eßzim-
mer? Was steht an einer Wand der Küche? Wo steht der
Herd? Womit wird der Herd geheizt? Was steht darauf?
Wo stehen der Kochtopf und die Pfanne? Was hängt über dem
Herde? Wo kocht die Köchin das Essen? Was wird auf dem
Herde gekocht? Worin kocht man das Fleisch und die Kartoffeln?
Was wird in einem Kochtopf gekocht? Wo werden die Eier ge-
braten? Was wird in der Pfanne gebraten? Wo ist der Back-
ofen? Was wird im Backofen gebacken? Wo werden Kuchen
und Brot gebacken? Was steht an einer anderen Wand der
Küche? Was steht neben dem Küchentisch? Was hat die Spül-
bank? Was macht man, wenn man Wasser trinken will? Was
hält man unter den Wasserhahn? Wo bereitet die Köchin das
Essen? Was wird auf dem Küchentisch bereitet? Wann wäscht
die Köchin das Geschirr? Wo wäscht sie es? Wofür sind die
Regale an den Wänden der Küche? Wo ist das Brett mit den

Haken? Was befindet sich an dem Brett? Was steht auf dem
erften Schild, auf dem zweiten, dem dritten, dem vierten? Was
trocknet man mit dem Meffertuch? Was trocknet man mit dem
Tellertuch? Mit dem Gläfertuch? Mit dem Handtuch? Wo=
mit trocknet die Köchin ihre Hände, ihre Gläfer, ihre Teller, ihre
Meffer und Gabeln? Was steht in einer Ecke der Küche? Was
liegt oben im Eisfchrank? Zu welcher Jahreszeit kommt der
Eismann jeden Tag? Was bringt er mit sich? Wo stehen Tel=
ler mit Fleisch darauf? Was für Fleisch ist auf den Tellern?
Wo ist die Wurst, der Schinken und das kalte Roastbeef? Welche
Kammer ist neben der Küche? Was steht in der Speifekammer?
Wo sind die Kartoffeln und der Sack Mehl? Wo sind der Zucker,
der Kaffee, das Salz und die Äpfel? Was braucht die Köchin
zum Kochen? Wo ist die Köchin?

Wo sitzt Ihre Familie des Abends? Was macht Ihre Wohn=
stube hell, Gas, Öl oder Elektrizität? Beschreiben Sie Ihr Eß=
zimmer! Was ist in Ihrem Eisfchrank? Wie oft kommt der
Eismann zu Ihnen? Was ist in Ihrer Speifekammer? Was
für eine Uhr haben Sie daheim, eine Kuckucksuhr, eine Standuhr,
eine Wanduhr oder eine Weckuhr? Was können Sie kochen?

Wo ist Ihre Küche? Wo steht Ihr Herd? Was steht auf
Ihrem Herde? Ist er groß oder klein, hoch oder niedrig, rein
oder schmutzig, breit oder eng? Was machen Sie, wenn Sie
Waffer trinken wollen? Was ist an den Wänden Ihrer Küche?
Haben Sie ein Brett in der Küche; was steht darauf? Wenn die
Meffer und Gabeln und Löffel getrocknet sind, wo legen Sie sie
hin? Wie trocknen Sie die Teller?

Der Garten. Seite 9.

Was für ein Garten ist vor dem Haufe? Was befindet sich
im Blumengarten? Wo ist das Beet mit Blumen? Was für
Blumen wachfen im Blumengarten? Nennen Sie mir sechs

Arten Blumen, die im Blumengarten wachsen! Was befindet
sich in der Mitte des Gartens? Was schwimmt im Wasser=
becken herum? Was machen die kleinen Goldfische? Was ist
die Freude der Hausfrau? Was tut sie jeden Tag im Som=
mer? Wann pflückt die Hausfrau Blumen? Wo stellt sie die
Blumen hin? Was ist auf dem Tisch im Wohnzimmer? Wann
begießt die Frau die Blumen? Was braucht sie, bevor sie die
Blumen begießen kann? Was geht um den Garten herum?
Wo ist das Eisengitter? Was befindet sich ganz vorne im Eisen=
gitter? Wo befindet sich eine kleine Tür? Wie nennt man sie?
Was führt von dieser kleinen Tür zum Hause? Was für ein
Garten ist der dort hinter dem Hause? Was befindet sich in
der Mitte dieses Hintergartens? Was für ein Baum steht
dort in der Mitte des Rasens? Was führt um diesen Rasen
herum? Wo führt der Weg hin? Wo ist die Laube? Was
befindet sich in einer Ecke des Gartens? Wer sitzt oft darin?
Wann trinkt die Familie Kaffee in der Laube? Was tun dann
die Fliegen und die Mücken? Was summt? Was sticht? Was
wird kalt? Wo fallen die Blätter hin? Was sagt aber ein jeder?
Wo sind die Beete? Was für Beete sind es? Nennen Sie
mir fünf Arten Gemüse! Was macht viel Arbeit? Was macht
aber auch viel Freude? Wer hat seine Arbeit mit dem Gar=
ten? Was hat jedes Mitglied der Familie? Was nimmt der
eine? Was begießt er mit dem Schlauch? Womit begießt er das
Gras und die Beete? Was macht man mit der Harke? Was
macht man mit der Mähmaschine? Was macht man mit dem
Spaten? Können Sie mir drei Gartenutensilien nennen? Wer
läuft vom einen zum anderen? Was sagt der fünfte?

Beschreiben Sie mir Ihren Garten, den Garten eines Freun=
des oder einen Garten, den Sie gesehen haben! Wann trinken
Sie Kaffee? Wann begießt man das Gras? Wenn Sie Blu=
men haben, wo stellen Sie sie hin? Was brauchen Sie, wenn Sie
die Blumen begießen wollen?

Der Tag. Seite 10.

Wann steht das Dienstmädchen auf? Wer steht um sechs Uhr auf? Was putzt das Mädchen zuerst? Was singt das Mädchen dabei? Wie heißt der Tisch, den sie um halb sieben deckt? Wann steht die Hausfrau auf? Warum macht sie den Kaffee? Wer macht den Kaffee zu schwach? Zu welcher Zeit stehen der Herr Professor und die Kinder auf? Wo sitzt die Familie um halb acht? Wann geht der Professor auf die Universität? Wo gehen dann die Kinder hin? Wohin geht zur selben Zeit die Haus= frau? Was tut sie, wenn das Mädchen das Haus rein macht? Wer macht die Betten? Wer kommt um zehn Uhr? Wer bringt die Briefe? Wie heißt der Mann, der die Briefe bringt? Wo geht das Mädchen um halb elf hin? Wann geht das Mädchen zum Krämer und zum Fleischer? An welchem Gebäude geht sie natürlich vorbei? Warum kommt der Professor um elf nach Hause? Wer kommt um zwei Uhr aus der Schule? Zu welcher Zeit ißt die Familie zu Mittag? Wo setzt sich die Tante hin? Was macht sie am Klavier? Was sagt dann der Hausvater? Wo geht er hin? Was ist aus den Kindern geworden? Wo sitzt die Familie schon wieder um fünf Uhr? Warum sitzen sie am Tische? Wann machen die Kinder ihre Schularbeiten? Wo= hin geht der Vater, wenn die Tante klatscht? Wer stopft die Strümpfe? Wann ißt die Familie ihr Abendbrot? Wer kommt um halb neun zum Besuch?

Zu welcher Zeit stehen Sie auf? Wann sitzen Sie im Eß= zimmer am Frühstückstisch? Um wieviel Uhr gehen Sie in die Schule? Was machen Sie des Nachmittags? Wann machen Sie Ihre Schularbeiten? Um wieviel Uhr essen Sie zu Mittag? Wer war gestern abend bei Ihnen zum Besuch? Haben Sie je Strümpfe gestopft? Können Sie irgend etwas von Mozart oder Beethoven spielen? Wie sieht Ihre Tante aus? Was trinken Sie lieber: Kaffee oder Milch?

Die Straße. Seite 11.

Wo wohnen wir? Was ist in der Bismarckstraße? Wo sind viele Privathäuser? Wo sind nur wenige Geschäftshäuser? Wo sind aber nur wenige Privathäuser? In welcher Straße sind aber viele Geschäftshäuser? Wie heißt die Mitte einer Straße? Was ist der Fahrdamm? Wo fahren die Wagen, Droschken, Automobile? Wo fährt die elektrische Straßenbahn? Was fährt auf dem Fahrdamm? Wo sind die Bürgersteige? Was ist an beiden Seiten der Straße? Womit ist die Straße gepflastert? Woraus sind die Bürgersteige gemacht? Was bepflastert man mit Asphalt? Was macht man aus Zement? Wer geht auf dem Bürgersteig? Was wollen die Fußgänger oft tun? Was muß man tun, wenn man über den Fahrdamm gehen will? Wann kommen die Fußgänger unter die Wagen? Was geschieht, wenn die Fußgänger nicht sehr aufpassen? Was ist an beiden Seiten der Straße? Wo kann man Schuhe und Stiefel kaufen? Was kauft man in einem Schuhladen? Was kauft man in einer Obsthandlung? Wo kauft man Ananas, Kirschen, Aprikosen und Pfirsiche? In was für einen Laden geht man, wenn man Halsbinden und Kragen kaufen will? Was ist sonst in einem Modebasar zu haben? Wie sieht es im Delikatessenladen aus? Was steht da zum Verkauf? Wo kauft man Wurst, Schinken und Speck? Was ist sonst in einem Delikatessenladen zu haben? Was sagt man, wenn man viele Gäste hat? Wo steht die Apotheke? Was verkauft der Apotheker? Was kauft man, wenn man krank ist? Wo kann man Schreibpapier bekommen? Was liegt sonst im Papierladen zum Verkauf? Wer verkauft Zigarren und Tabak? Warum muß der Gymnasiast gut aufpassen? Was soll der Vater nicht sehen? Wo kauft man Schirme, das heißt Regenschirme und Sonnenschirme? Wo kauft man lange, weiße Handschuhe? Wo kauft man Beefsteak? Wo kauft man Milch und Sahne? Was hat jeder Laden? Warum hat jeder Laden

ein Schaufenster? Wann sind die Schaufenster hell erleuchtet?
Wann ist die Straße hell erleuchtet? Wann gehen die Kinder
zu Bett?

Wenn Sie viele Gäste haben, was müssen Sie kaufen? Was
wollen Sie im Schirmladen kaufen? Welche Farbe hat Ihr
Schirm, schwarz, grün, rot, blau, grau, weiß? Welche Farbe
haben Ihre Handschuhe? Was haben Sie gestern in der Obst=
handlung gekauft? War das Obst gut oder schlecht, reif oder
unreif, süß oder sauer?

Die Stadt. Seite 12.

Wie heißt ein Ort, wo viele Menschen beisammen sind? Wo
gibt[1] es viele Straßen und viel Leben? Wo gibt es viele Häuser?
Wie heißen die Menschen, die in einer Stadt wohnen? In was
für einer Stadt wohnen wir? Warum nennt man unsere Stadt
eine schöne Stadt? Wo wohnen die freundlichen Menschen? Wie
nennt man eine Straße, die gutes Pflaster hat? Was steht auf
einem großen Platz in der Mitte der Stadt? Wo steht das Rat=
haus? Was für ein Gebäude ist das Rathaus? Wer macht
Gesetze für die Stadt? Wo kommt der Stadtrat zusammen?
Was für Amtszimmer gibt es im Rathause? Wo befinden sich
die Amtszimmer für Straßenreinigung und Steuern? Wo ist
der Ratskeller? Wo ist das Restaurant? Wie heißt dieses Re=
staurant? Welch andere öffentliche Gebäude gibt es in der Stadt?
Wo stehen die Feuerspritzen? Wo sind die vielen Bücher? Wo=
hin kommt man, wenn man böse ist? Wohin geht man, wenn
man Briefmarken kaufen will? Wohin geht man, wenn man
sich verheiraten will? Wohin geht man, wenn man reisen will?

---

[1] Es gibt, es gab (with object in the accusative) are used in the
sense of *there is, there was*, or if the object be plural *there are, there
were*. They should not be used if the object is a concrete thing
definitely limited in time and place. The object is apt to be a neuter
pronoun, a plural, an abstract, or an infinitive.

Wenn man schwimmen will? Wenn man beten will? Wenn man lernen will? Was sagt der Mann, wenn das Essen nicht gut ist? Wohin geht der Mann, wenn er nicht zu Hause essen will?

In welcher Stadt wohnen Sie? Was für eine Stadt ist es? Was für Straßen, Geschäfte, Häuser, Menschen hat Ihre Stadt? Wieviel Einwohner? Wie heißt das beste Restaurant in Ihrer Stadt? Was gibt es da zu essen? Wie heißt die Eisenbahn, die zu dieser Stadt führt? Welch öffentliche Gebäude hat Ihre Stadt? Wieviel Bücher hat Ihre öffentliche Bibliothek?

Die Uhr. Seite 13.

Was zeigt die Zeit an? Wann sieht man auf die Uhr? Was macht man, wenn man wissen will, wieviel Uhr es ist? Was tut man aber, wenn man keine Uhr hat? Wo trägt man die Taschenuhr? Wo steht die Standuhr? Was steht auf einem Sockel im Zimmer? Wo hängt die Wanduhr? Wo befindet sich die Turmuhr? Was ist auf dem Kirchturm? Was hat einen Wecker? Was machen wir, wenn wir um fünf Uhr morgens aufstehen wollen? Wann klingelt dann der Wecker der Weckuhr? Wohin werfen wir die Weckuhr? Was tun wir, nachdem wir die Weckuhr aus dem Fenster geworfen haben? Was hat jede Uhr? Was steht auf dem Zifferblatt? Wo befinden sich die Zeiger? Was zeigt die Stunden an? Was zeigt die Minuten an? Was zeigt die Sekunden an? Was für Uhren schlagen jede halbe Stunde? Was schlägt auch jede Viertelstunde? Welche Uhren haben einen Pendel? Woraus ist das Gehäuse der Taschenuhr? Wo befindet sich das Uhrglas? Wo befindet sich das Uhrwerk? Durch was wird die Uhr getrieben? Welche Uhren haben keine Feder? Wodurch wird das Uhrwerk der Wanduhren und Turmuhren getrieben? Wann muß man die Uhr aufziehen? Was macht man, wenn die Uhr abgelaufen ist? Was für Uhren müssen jeden Tag aufgezogen werden? Was für Uhren gehen acht oder vierzehn Tage, ohne aufgezogen zu werden? Wo bringt man die Uhr hin, wenn sie nicht richtig geht? Wann bringt man eine Uhr zum Uhrmacher? Wer repariert die Uhr? Wann setzt der Uhrmacher eine neue Feder ein? Was macht man, wenn die Feder gebrochen ist? Was für eine Uhr hängt in unserem Wohnzimmer? Wie oft kommt ein kleiner Kuckuck daraus?

Die Zeit. Seite 14.

Wieviel Stunden haben Tag und Nacht zusammen? Wann scheint die Sonne? Was scheint während des Tages? Was scheint während der Nacht? Zu welcher Zeit scheinen der Mond und die Sterne? Wer schläft während der Nacht? Wie heißt der erste Teil des Tages? Wer kommt ganz früh am Morgen? Wer bringt die Zeitung? Wer steht früh auf? Was sagen die fleißigen Menschen? Was ist der beste Lebenslauf? Wann ist der Morgen zu Ende? Wie heißt die Zeit um zwölf Uhr? Warum heißt diese Zeit Mittag? Was tun viele Menschen zu dieser Zeit? Wann ißt mancher Mann sein Mittagessen? Wie heißt die Zeit nach Mittag, bis es dunkel wird? Was kommt nach dem Nachmittag? Um welche Stunde zündet der Laternenmann die Laternen an? Wo stehen die Straßenlaternen? Was zündet man in den Häusern an? Wann ißt man Abendbrot? Wann gehen die Menschen zu Bett? Was machen die Menschen ein paar Stunden nach dem Abendbrot? Wer braucht nicht viel Schlaf? Wie lange schlafen einige Menschen? Wie heißt ein Mann, der sehr lange schläft? Wer schläft am Tage? Was nannte mich der Lehrer immer, als ich zur Schule ging? Um welche Stunde beginnt die Nacht? Wie nennt man die Zeit um zwölf Uhr nachts? Was sagen die Menschen morgens? Was sagen sie abends? Was sagen sie, wenn sie zu Bett gehen? Wieviel Minuten hat eine Stunde? Wieviel Sekunden hat eine

Minute? Wann geht die Sonne auf? Wann geht sie unter?
Wie heißt die Zeit kurz vor Sonnenaufgang? Wie heißt die
Zeit kurz nach Sonnenuntergang?

Die Woche. Seite 16.

Wie heißen die Tage der Woche? Was für ein Tag ist
Sonntag? Was machen die Menschen am Sonntage? Was ist
am Sonntag geschlossen? Wo geht man des Nachmittags hin?
Wann macht man Besuche? Wer kommt des Sonntags auf Besuch? Wie nennt man die übrigen Tage der Woche? An welchen Tagen arbeiten die Menschen? An welchem Tage gehen die
Kinder wieder in die Schule? Was ist am Montag im Hause?
Wann wird das Sonntagsessen aufgewärmt? Wie beschäftigt
ist der Vater an diesem Tage? Warum kann der Vater nicht
nach Hause kommen? An welchem Tage wird die Wäsche gebügelt? Was macht die Mutter mit Strümpfen und Knöpfen?
Wo geht der Vater jeden Dienstag hin? Warum ist Mittwoch ein schöner Tag? An welchem Tage ist nachmittags keine
Schule? Wie spät dürfen die Kinder abends aufbleiben? Wohin gehen die Eltern jeden Mittwoch? Was macht das Mädchen
am Donnerstag? Wer muß alle Arbeit im Hause alleine besorgen? Wer hilft der Mutter dabei? Was muß die kleine
Marie tun? Wer deckt den Tisch und wäscht das Geschirr?
Wo muß Fritz hingehen? Wer geht zum Krämer, zum Fleischer
und zum Bäcker? An welchem Tage kommt die Post aus Amerika? Was schreiben die Verwandten aus Amerika? Wer verdient viel Geld da drüben? Wie sind die Steuern in Amerika?
Wie lebt jeder Mensch in Amerika? Welcher Tag ist ein interessanter Tag? Wo steht die Mutter am Samstag? Was backt
sie auf dem Kochofen? Wer kommt dann und wann in die Küche?
Was will Fritz in der Küche sehen? Wann sitzt die ganze Familie
um den Tisch? Wer erzählt Geschichten? Wer liest etwas vor?
Wann fängt die Woche wieder an?

Das Jahr. Seite 17.

Wie viele Tage hat das Jahr? Wie viele Monate hat das Jahr? Wie viele Wochen hat das Jahr? Wie heißt jedes vierte Jahr? Was für ein Jahr hat einen Tag mehr als das gewöhnliche Jahr? Wie heißen die zwölf Monate? Wieviel Monate haben einunddreißig Tage? Wieviel Monate haben dreißig Tage? Welcher Monat hat nur achtundzwanzig Tage? Wie heißt der erste Monat des Jahres? Was ist der erste Januar? Wessen Geburtstag ist am siebenundzwanzigsten Januar? Welcher Monat ist der Karnevalmonat? Wann finden die Maskenbälle statt? An welchem Tage ist Wintersende und Frühlingsanfang? An welchem Tage sind Tag und Nacht gleich lang? Wann fangen die Blumen an zu blühen? Wann wird das Gras erst grün? Wie heißt der erste April? Wann ist das Osterfest? An welchem Tage ziehen viele Leute um? Wie heißt der erste Mai? An welchem Tage ist Frühlingsende und Sommersanfang? Welcher Tag ist der längste im ganzen Jahre? Welcher Tag ist ein großer Feiertag in Amerika? Wie nennt man diesen Tag? In welchem Monat ist es sehr heiß? In welchem Monat sind die Schulen geschlossen? Wenn die Schulen geschlossen sind, was haben die Kinder? An welchem Tage ist die Sedanfeier? Was haben die Deutschen am zweiten September getan? Welcher Monat ist der Erntemonat? Wer erntet das Korn? Welche Früchte sind im Oktober reif? Wann feiern die Amerikaner ein Erntefest? Wie heißt dieses Fest? Wie oft wählen die Amerikaner einen neuen Präsidenten? An welchem Tage ist Herbstende und Wintersanfang?

Die Zeitung. Seite 18.

Wann kommt eine Zeitung? Wer trägt die Zeitungen von Haus zu Haus? Worauf wartet jeder? Was steht in der Zeitung? Was steht auf der ersten Seite? Wo besucht der Kaiser

ben Kronprinzen? Was tat der Reichskanzler? Welcher Bür=
germeister ist gestorben? Was für ein Gesandter ist angekom=
men? Was ist in Berlin gebaut worden? Steht bloß dies auf
der ersten Seite der Zeitung? Was steht auf der zweiten Seite?
Wer ist Präsident geworden? Wo ist schon wieder Krieg aus=
gebrochen? Was ist im Palast geplatzt? Was haben die Frauen=
rechtlerinnen angezündet? Was für Nachrichten stehen auf der
dritten Seite? Wie heißt der Herr, mit dem sich Fräulein
Wurm verlobt hat? Wie hat der Opernsänger gesungen?
Welches Geschäft hat bankrott gemacht? Was findet morgen
statt? Wo stehen die Inserate und Geschäftsanzeigen? Was
sucht die Frau Direktor? Was muß die Person können? Wer
sucht einen Chauffeur? Was darf er nicht sein? Was darf
er nicht tun? Was tun die Chauffeure meistens? Woher hat
der Schneider die neuen Stoffe bekommen? Wieviel kostet ein
Dutzend Eier?

Das Wetter. Seite 20.

Was tun Schnee und Eis im Frühjahr? Wie scheint die
Sonne? Wie ist das Wetter? Was fällt vom Himmel? Wie
wird das Gras im Frühling? Wie lange regnet es? Was gibt
es oft zu gleicher Zeit? Mit wieviel Augen weint das Wetter?
Was tut es außerdem? Wann gibt es zuweilen Gewitter?
Wodurch wird der Himmel bedeckt? Was tut es, wenn ein
Gewitter kommt? Was scheint nach dem Gewitter wieder?
Wie scheint sie? Wann ist das Wetter sehr heiß? Was zieht
häufig am Himmel auf? Wie ist die Luft? Was hört und sieht
man? Was tun die Leute zwischen Donner und Blitz? Was
sagen sie, wenn sie bis zehn zählen können? Wo ist das Gewit=
ter, wenn Donner und Blitz zusammen kommen? Was tut der
Blitz zuweilen? Wie ist die Luft nach dem Gewitter? Wer
kann wieder frei atmen? Wie ist das Wetter im Herbst? Was
ist grau? Was tut es ganze Tage? Was ist so groß wie Tau=

beneier? Was wird zerbrochen? Was fegt durch die Straßen
der Stadt? Was fliegt auf? Wer bleibt in den Häusern?
Wo zünden sie das Feuer an? Was braten sie am Feuer?
Was geschieht mit den Weintrauben? Wie ist es im Herbst?
Wie ist das Wetter im Winter? Was gefriert? Was tut es
im Winter? Wie werden die Schneeflocken? Womit sind
Straßen und Dächer bedeckt? Was schüttelt Frau Holle?
Wer glaubt an Frau Holle? Was sagen die großen Menschen?

Das Geld. Seite 21.

Was geben viele Geschäfte nicht? Wogegen verkaufen sie nur?
Was muß man haben? Wie bekommt man es? Ist der Bankier arm oder reich? Was tun der Großkaufmann und der
Fabrikant, um Geld zu verdienen? Was verkauft man mit
Profit? Was ist der Profit des Kaufmanns? Wer erhält
Salär? Was erhält der Arbeiter? Was tun Leute, welche
mehr Geld verdienen als sie zum Leben gebrauchen? Wohin
bringen sie dieses? Was bezahlt die Sparkasse? Wie hoch be-
laufen sich diese? Was erhält man, wenn man die Zinsen in
der Sparkasse stehen läßt? Was für Geldsorten gibt es? Woraus sind Münzen? Welches ist die kleinste Münze? Wie viele
Pfennige geben eine Mark? Wie viele Mark einen Taler?
Welche Stücke sind aus Gold? Welche Stücke sind aus Silber?
Welche aus Nickel? Welche aus Kupfer? Wie viele Mark sind
ein Dollar? Wie viele Pfennige hat ein Cent? Was ist schwe-
rer zu tragen: Papiergeld oder Münzen? Was für Scheine gibt
es? Was muß man beim Reisen haben? Warum? Was bekommen die Kellner als Trinkgeld? Wohin geht man, wenn man
nur amerikanisches Geld hat? Was tut der Geldwechsler mit
dem amerikanischen Gelde? Warum muß man viel Kleingeld
haben? Was für Geld hat der Reisende, der aus Amerika
kommt? Wieviel Geld haben Sie?

Fuhrwerk. Seite 22.

Welche Arten von Fuhrwerk kennen Sie? Wovon werden Droschken gezogen? Womit wird ein Automobil getrieben? Wie viele Pferde ziehen eine Equipage? Welches ist das eleganteste Pferdefuhrwerk? Wie heißt der Sitz für den Kutscher? Was hält der Kutscher? Wo sind die Laternen? Was hängt in der Droschke? Was steht auf dieser Karte? Was sehen die Fahrgäste an dem Tarif? Was für eine Equipage wünschen Sie im Sommer? Was für eine im Winter? Was tut der Kutscher, wenn jemand einsteigen will? Warum sagt er: „Herr Baron"? Welche Droschken sind die teueren? Welche sind die schlechteren? Was ist ein Taxameter? Was kann man für siebzig Pfennige tun? Wofür bezahlt man weitere zehn Pfennige? Wer steigt am Ende der Fahrt aus? Was bezahlt dieser Mensch? Was gibt er dem Chauffeur außerdem? Was tun diese Leute mit dem Trinkgeld? Was fährt schneller als eine Droschke? Was kostet mehr, eine Fahrt mit einem Automobil oder mit einer Equipage? Wo können vier bis sechs Personen sitzen? Wie heißt der Führer des Automobils? Wo befindet sich ein Signalhorn? Was tut der Chauffeur mit dem Signalhorn? Wo ist ein Droschken= und Automobilstand?

Die elektrische Straßenbahn. Seite 23.

Wer steht vorne? Was tut er? Wo steht der Schaffner? Was kollektiert er? Wessen Namen ruft er aus? Wo sitzen die Fahrgäste? Was tut ein Fahrgast, wenn er einsteigen will? Was tut dann der Führer? Was tut der Schaffner, wenn der Fahrgast eingestiegen ist? Was tut der Führer nun? Was will der Fahrgast nach einiger Zeit? Wem gibt er da ein Zeichen? Was tut der Wagen nun? Was kann der Fahrgast jetzt? Was muß der Fahrgast bezahlen? Wer nimmt es ein? Was er=

hält der Fahrgast vom Schaffner? Was steht darauf? Wer
bezahlt zehn Pfennige? Was bezahlt derjenige, welcher weit
fährt? Was bekommt der Schaffner oft? Wann sagt der
Schaffner: „Danke sehr!"? Was tut er, wenn er zehn Pfennige
erhält? Was will ein Fahrgast manchmal nicht? Was kann er
dann tun? Wer erhält einen Platz? Wann darf kein Fahrgast
mehr einsteigen? Worauf muß er warten? Wer kommt oft?
Was tut dieser Mann? Wer muß aussteigen? Was hat jeder
Wagen? Wohin fährt Nummer 1? Was fährt nach dem
Stadtpark? Wohin bringt man Briefe? Wo wartet man,
wenn man mit der Straßenbahn fahren will? Womit fahren
die Deutschen?

Auf der Eisenbahn. Seite 25.

Woraus besteht ein Eisenbahnzug? Welcher Zug fährt nicht
sehr schnell? Wo hält er an? Wie fährt ein Schnellzug? Wo
hält dieser an? Was für Züge gibt es noch? Was wird mit
diesen Zügen befördert? Wie viele Klassen hat die deutsche
Eisenbahn? Welche Farbe haben die Sitze in einem Abteil erster
Klasse? Welche Sitze sind grau? Wie sind die Sitze in den
übrigen Klassen? Wo sind aber oft gar keine Sitze? Wo sitzen
die Reisenden dann? Wie viele Reisenden können in einem Ab=
teil dritter Klasse sitzen? Wie viele in einem Abteil zweiter
Klasse? Wo sitzen vier Reisende? Wer reist erster Klasse? Wer
zweiter? Wer dritter? Wo reisen Handwerker und Bauern?
Wie ist eine Fahrkarte vierter Klasse? Was ist sehr teuer?
Was für Abteile hat jeder Zug? Wo dürfen die Reisenden,
welche rauchen wollen, nicht sitzen? Wo geht man hin, wenn
man reisen will? Was tut man dort? Was tut man bei der
Gepäckannahme? Wann steigt der Reisende ein? Was nimmt
er in den Abteil mit? Wer kommt bald? Was sagt dieser
Mann?   Beschreiben Sie mir eine Reise, die Sie letzten Som=
mer gemacht haben!

Am Bahnhof. Seite 26.

Was ist in der Mitte des Bahnhofes? Wo sind zwei große Zimmer? Was tun die Reisenden dort? Wofür ist das eine Wartezimmer? Wofür das andere? Was ist in jedem Wartezimmer? Was kann man also im Wartezimmer tun? Wann soll man nur essen oder trinken? Wen ruft man, wenn man essen oder trinken will? Was kann man da zum Beispiel bestellen? Wo sind Fenster? Wer sitzt hinter jedem Fenster? Was verkaufen diese Leute? Was steht über einem Fenster? Was über dem anderen? Was geschieht in dem Raum am Ende der Halle? Wo steht: „Gepäckannahme“? Was tragen die Gepäckträger? Was befindet sich in einem anderen Teile des Bahnhofs? Was geschieht im Telegraphenamt? Was ist hinten in der Halle? Wohin gelangt man durch dieselbe? Wer steht vor ihr? Was sagt dieser Mann? Wohin kann man ohne Karte nicht? Wen will man auf der Bahn abholen? Wohin muß man da gehen? Was muß man kaufen? Wieviel kostet sie? Was hat der Mann auf dem Bahnsteig? Was für ein Mann ist dies? Was tut er, wenn ein Zug kommt? Wann steigen einige Reisenden aus? Was tun andere Reisenden? Wer kommt nun? Was hat er in der Hand? Was tut er mit diesem Ding? Was tut die Lokomotive nun? Und dann der Zug?

Das Restaurant. Seite 27.

Was kann man im Restaurant bekommen? Wann ist das Restaurant besetzt? Was sind viele Gäste? Wozu haben Geschäftsleute oft keine Zeit? Wo essen Sie am liebsten? Was ist besser als gar nichts? Was steht im Restaurant? Was liegt auf jedem Tisch? An welchen Tischen können nur zwei Personen essen? Wofür sind andere groß genug? Was liegt an jedem Platze? Was finden wir in der Mitte des Tisches?

Wo liegt eine Speisekarte? Was steht auf der Speisekarte?
Wer kommt an den Tisch? Was sagt er? Was wünscht er
mit diesen zwei Worten zu erfahren? Was tut der Gast, wenn
er zu essen wünscht? Was hat der Gast gern? Wohin geht der
Kellner nun? Womit kommt er bald zurück? Worauf trägt er
alles? Wen bedient er dann? Was tut der Gast nach dem
Essen? Was sagt er? Was könnte auf solch einer Rechnung
stehen? Was tut der Gast, bevor er bezahlt? Was entdeckt er?
Was hat der Kellner mitgerechnet? Was tut der Kellner, wenn
er einen Fehler macht? Worauf wartet der Kellner? Was ist
diesmal sein Trinkgeld?

Das Hotel. Seite 28.

Wohin kommt ein Reisender? Wer geht in ein Hotel? Was
befindet sich in einem Hotel? Was sind die meisten Zimmer?
Was steht in jedem Zimmer? Was liegt vor dem Bett? Was
für Beleuchtungsarten gibt es in den Hotels? Was hat jedes
Zimmer? Wo ist der Portier? Wen empfängt er? Wen ruft
er, wenn ein Gast kommt? Was trägt dieser Mann? Was
zeigt er? Wann trägt der Gast seinen Namen ein? Was
schreibt er auf einen Zettel? Wohin bringt der Hausknecht das
Gepäck? Wer kommt jeden Morgen? Was tut sie? Wozu
bringt sie Wasser? Wohin geht ein hungriger Gast? Wohin
setzt er sich und was tut er? Was tut der Kellner? Wann
stellt der Gast seine Stiefel vor die Türe? Vor welche Türe
stellt er sie? Was hängt er an die Türe? Wer reinigt die
Schuhe? Was bürstet er? Wo will der Gast vielleicht einmal
essen? Worauf drückt er dann? Wann kommt das Zimmer=
mädchen? Wer kommt, wenn er zweimal drückt? Was tut er,
wenn er den Hausknecht will? Wem sagt es der Gast, wenn er
abreisen will? Wer gibt ihm die Rechnung? Was tut der
Gast mit der Rechnung? Wer bekommt nun ein Trinkgeld?

Warum bekommt der Oberkellner ein Trinkgeld? Warum der
Portier? Warum der Hausknecht? Was hat das Zimmermädchen getan?

Die Kirche. Seite 29.

Wann ist Gottesdienst? Was ziehen dann die Leute an?
Wohin gehen sie? Was führt in die Kirche? Was ist sehr
schön? Wodurch scheint die Sonne? Wovon wird das Dach
getragen? Wo befindet sich das Schiff der Kirche? Was steht
im Schiff? Woraus singt man? Wo steht der Altar? Wie ist
die Altardecke? Was ist rechts über dem Altar? Was führt zu
ihr hinauf? Wo ist eine Galerie? Was steht hier? Was ist
rechts und links von der Orgel? Wer spielt die Orgel? Was
singen die Chorknaben? Wer predigt? Was tut die Gemeinde?
Was tut der Küster? Was reicht er nach der Predigt herum?
Was tut jedes Gemeindemitglied? Wieviel gibt jedes Mitglied? Was findet der Küster zuweilen auch? Was wird am Anfang jedes Gottesdienstes geläutet? Was läuten sie ein? Was
schlägt zwölf? Was tun die Glocken dann? Wie müssen die
Läden während des Gottesdienstes sein? Was hat nur ein böser
Mensch auf? Was hat dieser Mann noch getan? Wie sind die
meisten deutschen Kirchen?

Der Beruf. Seite 31.

Wer muß Medizin studieren? Wo studiert er Medizin? Wie
lange studiert der Mediziner in Amerika? Was macht man nach
Beendigung der medizinischen Studien? Wann darf man sich
„Doktor" nennen? Was muß man machen, wenn man prakti-
zieren will? Was muß der Jurist studieren? Was kann der
Jurist werden? Was hat der Rechtsanwalt zu tun? Wo ver-
teidigt der Rechtsanwalt seine Klienten? Wo kann ein Student
Lehrer werden? Was studiert er dafür? Was für Examina

muß er machen? Wann nur kann man Gymnasiallehrer werden?
Was muß man schreiben, um Privatdozent werden zu können?
Wann kann man Professor an einer Universität werden? Was
studiert der Theologe? Wie lange studiert er das? Was wird
er nun? Wer studiert auf einer technischen Hochschule? Was
dauert von drei bis fünf Jahren? Was baut ein Ingenieur?
Was macht ein Chemiker? Was tut der Architekt?

Das Schulzimmer. Seite 32.

Was befindet sich im Schulzimmer? Worauf sitzen die Schü=
ler? Was ist vor den Bänken? Was wird auf sie gelegt?
Wann geschieht dies? Was braucht man, wenn man lesen will?
Was ist in den Tischen? Was ist in dem Tintenfaß? Wie
heißen die Farben? Was braucht man zum Schreiben? Womit
schreiben die Kinder? Was ist an den Wänden? Was hängt
man daran? Was ist auch in den Tischen? Was findet man
alles, wenn man darin nachsieht? Wo steht das Pult des Leh=
rers? Was ist nicht weit hievon? Nenne mir einen schwarzen
und einen weißen Gegenstand! Was habt ihr in der Schule
gelernt? Wohin geht man, wenn die Schule aus ist? Was
befindet sich hinter dem Schulhause? Was tun die Kinder dort?
Nennen Sie mir einige Spiele, die Sie als Kind gerne gespielt
haben!

Das Gymnasium. Seite 33.

Wie viele Klassen hat das Gymnasium? Wie heißen diese?
Wie heißen die Schüler derselben? Was lernt ein deutscher
Gymnasiast? Wo beginnt der Unterricht im Lateinischen?
Was beginnt in der Quarta? Was in der Quinta? Wie
alt ist der Schüler, wenn er in die Serta kommt? Was ge=
schieht, wenn er achtzehn ist? Wer wird in die nächste Klasse
versetzt? Wann wird er nicht versetzt? Was tut er dann?

Was ist jedes halbe Jahr? Was muß der Schüler tun, wenn er versetzt werden will? Was bekommt er jedes halbe Jahr, wenn er fleißig ist? Was bekommt er, wenn er faul ist? Was muß der Vater mit dem Zeugnis tun? Wer unterrichtet an dem Gymnasium? Was sind diese Herren? Wo haben alle studiert? Wen hat jede Klasse? Was ist der Direktor? Was erhält ein Oberprimaner, wenn er die Klasse verläßt? Was steht darauf? Was wird der Schüler jetzt?

Die Universität. Seite 34.

Was studiert man auf der Universität? Wer kann die Uni= versität besuchen? Nennen Sie mir die vier Fakultäten der Universität! Wer studiert in jeder dieser Fakultäten? Was muß man angeben, wenn man immatrikuliert? Was muß er dann vorzeigen? Was muß er schließlich dem Rektor geben? Was bedeutet der Handschlag? Wo steht das schwarze Brett? Was steht auf dem schwarzen Brett? Was sucht der Student aus? Wie viele Vorlesungen kann er besuchen? Wo finden die Vorlesungen statt? Wo sitzt der Professor? Wo sitzen die Studenten und was tun sie? Wie oft muß der Student die Vorlesung besuchen? Was dauert drei bis sechs Jahre? Wann macht der Student das Doktorexamen? Wann erhält er das Doktordiplom? Welchen Verbindungen gehören viele Studenten an? Wie sind solche Studenten im ersten Jahre oft? Wohin gehen sie nur selten? Was war auf dem Gymnasium strenge? Wie ist das Leben auf einer deutschen Universität?

Im Schuhladen Seite 35.

Was kauft man im Schuhladen? Was wird Fußzeug genannt? Wo sind die Regale? Was steht in den Regalen? Was ist in den Schachteln? Was steht auf jeder Schachtel?

Wer trägt eine kleine Nummer? Was trägt der, der einen großen Fuß hat? Wo steht der Ladentisch? Was steht vor dem Ladentisch? Wer steht hinter dem Ladentisch? Wann macht der Verkäufer ein freundliches Gesicht? Was sagt er immer? Wohin muß der Käufer sich setzen, wenn er ein Paar Schuhe kaufen will? Was muß er mit einem Schuhe tun? Was nimmt der Verkäufer? Was mißt er damit? Wohin geht er dann? Was nimmt er dort heraus? Woraus nimmt er ein Paar Schuhe? Was tut er nun? Was muß er tun, wenn die Schuhe zu klein sind? Was findet er endlich? Wonach fragt der Käufer? Wann wünscht er, daß man ihm die Schuhe billiger lasse? Was für Preise hat der Verkäufer? Was packt der Verkäufer ein? Was verläßt der Käufer? Was ist hinten im Laden? Wie heißt der Mann, der dort hinten sitzt? Was tut er? Was macht er mit schiefen Absätzen? Wann setzt er einen Flicken auf? Wann näht er einen neuen Knopf an?

Beim Doktor. Seite 36.

Wo sitzt Doktor Braun? Was hat er von drei bis vier? Wo sitzen die Patienten? Was fehlt diesen Leuten? Was haben sie alle? Was ist jeder? Was hat man, wenn man die Gesundheit verloren hat? Was glaubt jeder? Wo sitzt der Doktor, wenn jemand in das Sprechzimmer kommt? Was fühlt der Doktor dem Kranken? Was soll der Kranke zeigen? Wie ist der Puls des Kranken? Wie ist seine Zunge? Nach was für Schmerzen fragt der Doktor? Wie kann der Besucher schlafen? Wie sieht der Mann nicht? Was hat er nicht? Warum kommt er zum Doktor? Was tut der Doktor nun? Wo wird er sich nicht versichern lassen? Wer muß auch die Zunge zeigen? Was verschreibt der Doktor? Wie lange geht das so weiter? Wohin setzt sich der Doktor? Was für Besuche macht er nun? Was für eine Praxis hat er? Was muß er mit den vielen Patienten tun? Was für Krankheiten haben Sie schon gehabt? Was für Krankheiten kennen Sie noch? Wann kommt der arme Doktor nach Hause? Was klingelt nun? Was ist jemandem geschehen? Was muß der Doktor sofort tun? Was sind die Doktoren?

In der Post. Seite 38.

Wo steht das Postgebäude? Was für ein Gebäude ist es? Wie hoch ist es? Was ist über dem Eingange? Was steht darüber? Wo ist eine große Halle? Wo sind viele Fenster? Wer sitzt hinter jedem Fenster? Wo steht: „Briefmarkenausgabe"? Was für Marken gibt es? Was kann man noch hier kaufen? Wie viele Pfennige kosten diese? Wohin kann man sie um diesen Preis schicken? Was steht über einem zweiten Fenster? Was über einem dritten? Wann läßt der Vater einen Brief einschreiben? Wieviel kostet ein eingeschriebener Brief? Wie erhält der Reisende seine Briefe? Wie viele Briefe hat man für Lehmann? Was muß man noch sagen, wenn man Lehmann heißt? Was steht über den anderen Fenstern? Was steht in der Mitte der Halle? Wo kann man seine Briefe schreiben? Was findet man überall in der Stadt? Was geschieht so oft mit einem Briefkasten? Was geschieht mit den Briefen in der Post? Wer trägt die Briefe aus? Was fährt die Pakete aus? Wer ist der Oberpostdirektor?

Das Theater. Seite 39.

Was für ein sehr großes Gebäude können Sie mir nennen? Woraus ist dieses? Wovor ist es sicher? Wie nennt man solch ein Gebäude? Was für Räume hat es? Wo sitzen die Zuschauer? Wer sitzt im andern großen Raum? Wie heißt dieser Raum? Wo ist der Vorhang? Wann geht er auf? Wann fällt er? Was ist vor der Bühne? Wo sitzt der Dirigent? Wie viele Plätze sind im Zuschauerraum? Wo ist das Parterre, wo sind die Logen? Was ist im ersten Stock? Was im zweiten und dritten? Wo ist die Galerie? Was ist am Eingang des Theaters? Wer kauft dort eine Eintrittskarte? Wofür kann er Eintrittskarten kaufen? Wann geht er auf die Galerie? Was hängt bei der Kasse? Was steht darauf? Was ist „Minna von Barnhelm"? Was wird morgen gegeben? Was übermorgen? Kennen sie eine gute Oper und wie heißt sie? Wie viele Akte haben die Stücke? Wie heißt die Zeit zwischen den Akten? Was tun hungrige Theaterbesucher? Wohin gehen die anderen gerne? Was steht am nächsten Tage in der Zeitung? Was hat also dem Kritiker nicht gefallen?

Der Photograph. Seite 40.

Wo wohnt der Photograph? Was befindet sich dort? Wie ist es beim Photographen? Woraus ist das Dach des Ateliers? Wie ist es dort drinnen? Was kann man dort alles sehen? Was kann man im Atelier schneller tun als mit der Eisenbahn? Wo will der Besucher sitzen? Wo möchte man gerne stehen? Was ist nur aus Leinwand? Woraus ist die Ruine? Wo kann man das aber nicht sehen? Was steht mitten im Atelier? Wohin steckt der Photograph seinen Kopf? Wohin soll der Besucher den seinigen drehen? Wie soll er sitzen? Wie lange soll er so sitzen? Was für ein Gesicht soll er machen? Was hat der Besucher nicht getan? Was aber hat er getan? Was muß der Photograph nochmals tun? Wo wird das Negativ entwickelt? Wann wird das Negativ in den Kopierrahmen gelegt? Was macht der Photograph nun? Wie sitzt man auf dem Bild? Wie ist das Bild? Wer sagt dies? Wie aber finden wir selbst den Mund?

Der Schneider. Seite 41.

Wer geht zum Schneider? Was hat dieser? Wozu braucht der Schneider Stoffe? Woraus sind die Stoffe? Was für Stoffe gibt es? Wem legt der Schneider die Stoffe vor? Was

tut dieser Mann? Was für einen Rock wünscht der Kunde?
Was für einen wünscht er nicht? Wie wünscht er die Weste?
Wie wünscht er sie nicht? Was ist sehr modern? Wo hat man
das Taschentuch? Wozu soll der Kunde morgen kommen? Wo
schneidet der Schneider den Stoff zu? Was stellt er ein? Was
näht er an? Wie paßt der Anzug? Was ist ein paar Tage spä=
ter? Was schreibt der Schneider auf die Rechnung? Was tut
der Schneider, wenn der Kunde bezahlt hat? Was schreibt er
da? Was tragen wir im Sommer, was im Herbst, im Winter,
im Frühjahr? Was für Anzüge kaufen Sie nie? Welche An=
züge sind teuer? Was braucht man außer dem Anzug noch?
Was gibt der Schneider Bock?

Das Handwerk. Seite 42.

Zählen Sie mir, bitte, alle Handwerker auf, die Sie kennen!
Womit verdienen diese Leute ihr Geld? Wo macht der Schuster
neue Stiefel? Was tut er mit den alten dort? Was ist sein
Handwerkszeug? Was tut der Schuster mit jedem dieser Hand=
werkszeuge? Was macht der Schneider? Was tut er mit dem
Maße? Was mit der Schere? Womit näht er die Stoffe zu=
sammen? Was tut er mit dem Bügeleisen? Was macht der
Tischler? Was für Handwerkszeug hat er und was tut er mit
jedem? Was macht der Klempner? Was hat ein Leck? Was
tut er mit diesem Leck? Was ist sein Handwerkszeug? Wann
kommt der Glaser? Was bringt er? Was tut er mit dem letz=
teren (ersteren)? Was setzt er ein? Was baut der Maurer?
Was ist sein Handwerkszeug? Was tut er mit jedem? Wer
streicht die Fenster mit Farbe an? Was streicht er noch an?
Was ist sein Handwerkszeug? Wie lange muß ein Handwerker
Lehrling sein? Was wird er dann? Was wird er nach ein paar
weiteren Jahren? Welches Handwerk möchten Sie lernen?
Können Sie eine Fensterscheibe einsetzen?

Bei den Soldaten.   Seite 44.

Wer muß Soldat werden? Wann werden sie es? Wie lange müssen die meisten Soldaten dienen? Wer muß drei Jahre dienen? Wer braucht nur ein Jahr zu dienen? Wie heißen diese Soldaten? Wer heißt ein Gemeiner? Wo wohnen die Gemeinen? Wo dürfen die Einjährigen wohnen? Was hat jeder Soldat? Woraus besteht die Uniform? Was hat auch jeder Soldat? Wie oft müssen die Soldaten exerzieren? Wo tun sie das? Wo geht immer ein Soldat auf und ab? Wo trägt er ein Gewehr? Wie nennt man so einen Soldaten? Was muß man zwei Stunden lang? Was geschieht nach dieser Zeit? Was ist zweimal im Jahre? Wer ist bei denselben anwesend? Was ist beim Militär sehr streng? Was bekommt ein Soldat, der nicht gehorcht? Wohin kommt einer, der desertiert? Wann muß man den Fahneneid leisten? Was muß man schwören? Was kann ein tüchtiger Soldat werden? Wer nur kann Offizier werden? Wer ist höher als der Leutnant? Wer kommt nach dem Oberleutnant? Wie heißen die anderen Stufen? Wer steht an der Spitze des Heeres? Wie viele Mann zählt das deutsche Heer im Frieden und im Kriege?

Bekannte Gestalten.   Seite 45.

Wo sieht man Schutzleute? Wer hat einen blanken Helm? Wie sind die Knöpfe an den Uniformen? Was tut so ein Schutzmann? Wonach fragt der Fremde? Was antwortet der Schutzmann? Was hat ein böser Mensch getan? Was rufen dann die Bürger? Wen arretiert der Schutzmann? Wohin bringt er ihn? Was tut ein Pferd, wenn die Straße glatt ist? Was bricht es leicht? Wann kommt der Briefträger? Was trägt er? Was hat die Mutter gesandt? Was steht darin?

Was schreibt der Vater? Wer schreibt noch? Was schreibt sie? Wer antwortet ihr? Was ist nächste Woche? Was steht in dem Brief mit dem schwarzen Rand? Was trägt der Briefträger in seiner Ledertasche? Wer ist der Mann mit dem langen Stock? Wann kommt er? Was zündet er an? Wie werden die Straßen, wenn er kommt? Wohin gehen die Menschen? Was tut die Familie abends? Wohin geht man nachts? Wovon weiß der Laternenanzünder nichts?

Das neue Dienstmädchen. Seite 46.

Was hat in der Abendzeitung gestanden? Wer wird gesucht? Was muß sie können? Wieviel Gehalt bekommt sie? Was bekommt sie noch? Wann darf das Mädchen nachfragen? Wie viele waren gekommen? Warum wurde die fünfte angenommen? Warum die anderen vier nicht? Warum ging die fünfte von ihrem letzten Platze weg? Was haben Rabes nicht? Wann muß das Mädchen aufstehen? Was tut sie im Eßzimmer? Was deckt sie? Was kocht sie? Wen weckt sie? Was wird von ihr gesagt? Was tut sie mit einem staubigen Tisch? Was besorgt sie nun? Wobei muß sie ihrer Herrin helfen? Was gibt es um zwei Uhr? Was tut das Mädchen nach dem Mittagessen? Wie lange hat sie Ruhe? Wozu benützt sie diese Zeit? Woran muß sie nachher denken? Was muß gedeckt werden? Was ist endlich besorgt? Was muß vom Dienstmädchen noch geputzt werden? Wie ist Frau Rabes Mantel? Was muß mit ihm geschehen? Wann kann sie zu Bett gehen? Wie ist sie immer? Wann singt sie? Was geschieht am Montag? Was hat jedes Dienstmädchen? Wo bekommt sie es? Was muß die Polizei wissen? Was tut man, wenn man mit seiner Herrschaft nicht zufrieden ist? Was geschieht einen Monat vor Verlassen der Stelle? Was steht im Dienstbuch? Was für ein Dienstmädchen haben Sie zu Hause?

Im Park. Seite 48.

Was führt in den Park? Was ist überall im Park? Was ist mitten im Park? Was schwimmt darauf? Was füttern die Leute am Ufer? Was werfen sie in das Wasser? Was führt um den See herum? Wie kommt man zu einem Boothaus? Was tut einer, der rudern kann? Was für Häuser finden wir im Park? Wie sehen diese aus? Was ist in ihnen? Warum heizt man diese Häuser im Winter? Was ist nicht weit von ihnen? Was blüht dort? Wo ist ein Turnplatz? Was findet man darauf? Wann sind die Knaben und Mädchen dort? Wo turnt der eine? Wo der andere? Wo steigen einige hinauf und hinab? Wo schwingen andere? Was tut der Rest? Wo sitzen die Alten? Wer läuft dort hin und her? Was tut der Mann? Wo spielt die Kapelle? Was spielt sie? Was für eine Kapelle ist es?

Am Geburtstag. Seite 49.

Was ist der Geburtstag für Groß und Klein? Warum freut sich der Zehnjährige? Warum freut sich der Neunundzwanzig= jährige? Warum der Siebziger? Wer heißt noch immer Geburtstagskind? Was gibt man ihm? Was tut jeder im Hause? Wohin werden die Geschenke gelegt? Was erhält man zum Geburtstag noch? Was steckt man bei einem Kinde auf den Geburtstagskuchen? Wer erhält Spielsachen? Wer erhält nützliche Sachen? Nennen Sie mir einige nützliche Sachen! Was tut man einem Geburtstagskinde? Was sagt man da alles? Wem gibt man einen Kuß? Wofür wird gedankt? Was sagt man, wenn man dankt? Was sagt man nachher? Was gibt man oft zum Geburtstag? Wer kommt dazu? Was tut jedes? Was geben Kinder? Was hatte ich einst meinem Freunde geschickt? Was stand darauf? Warum sollte der Freund mir keinen Ball bringen? Beschreiben Sie eine Kin= bergesellschaft! Was für Spiele spielen da die Kinder?

Weihnachten und Neujahr. Seite 50.

Was feiert jede deutsche Familie? Wann sind diese Festtage und wie heißen sie? Was brennt am Weihnachtsabend? Was für schöne Sachen sieht man am Weihnachtsabend? Was schwebt ganz oben? Wo steckt ein Licht? Was liegt unter dem Weihnachtsbaum? Was bekommen die kleinen Kinder? Was die größeren? Was singen die Knaben und Mädchen? Womit spielen sie? Wo sitzen die Eltern? Wie sind sie? Was hört man überall? Wohin geht man am ersten Weihnachtstag? Was zieht man an? Wo läuten die Weihnachtsglocken? Was predigt der Prediger? Was ist am einunddreißigsten Dezember zu Ende? Was beginnt am ersten Januar? Wie heißt dieser Tag? Wie der zweite? Wann ist Silvester? Was gibt es abends? Was klingt um zwölf Uhr, und was hört man? Was läutet? Wo wird ein Choral gespielt? Von wem wird er gespielt? Was haben viele Leute am nächsten Tage? Wovon kommt das?

Umziehtag. Seite 51.

Was tun die Menschen oft? Was ist in der alten Wohnung? Wie ist sie? Wie noch? Wie ist der Nachbar? Wie sind seine Kinder? Was ist zu feucht? Wo ist das Geschäft? Wann ist Umziehtag? Wer sucht nach einer neuen Wohnung? Wie ist die erste Wohnung? Wie die zweite? Welche ist zu dunkel? Welche wird endlich genommen? Warum wird die siebente nicht genommen? Was hat die achte? Was kommt am ersten Mai? Was tragen die Umziehleute hinaus? Was ruft einer? Was tut er zur selben Zeit? Was ruft der Vater? Was tut dieser zur selben Zeit? Was ruft die Mutter? Was tut sie? Was liegt unter dem Waschtisch? Wem tritt Max auf den Fuß? Warum legt man eine Decke über den Tisch? Was meint einer der Umziehleute? Was wirft er um? Was tut der Doktor in der neuen Wohnung?

Auf das Land. Seite 53.

Wo erholt man sich? Was ißt man dort? Was trinkt man dort? Was atmet man dort? Was hat der Doktor gesagt? Was ist für die Kinder gut? Was sagen alle Leute? Wohin gehen sie zu Fuß? Was ist gesund? Was kauft der Vater? Was befindet sich in dem Abteil nicht? Wo sitzt man? Wo sitzt jedes einzelne? Was befindet sich in den Körben? Wo steht Heinrich? Was gibt der Bahnhofsvorsteher? Warum tut er es? Was fliegt vorbei? Was fliegt in den Abteil? Was geschieht jedem aus der Familie? Was öffnet der Vater? Was hat Max getan? Was geschah infolgedessen? Was ist in dem Korb gewesen, auf dem Friedrich saß? Was ist aus der Milch geworden? Warum weint Heinrich? Wie brüllen die Max und Friedrich? Warum brüllen sie so? Was tut der Vater? Was sagt die Mutter? Was tut der Zug? Was tun die Räder und was singen sie dazu?

Deutsche Dichter. Seite 54.

Nennen Sie mir einige deutsche Dichter! Was haben sie geschrieben? Wer hat ihre Werke gelesen? Was kann jedes Schulkind? Wann wurde Goethe geboren? Wo wurde er geboren? Wann schrieb er schon Gedichte und Geschichten? Was schrieb er später? Was ist sein größtes Werk? Wie lange arbeitete er daran? Nennen Sie mir seine bekanntesten Gedichte! Wann und wo starb Goethe? Was wissen Sie über das Leben Schillers? Was schrieb er mit achtzehn Jahren? Nennen Sie seine Dramen! Nennen Sie seine bekanntesten Balladen! Wodurch ist Heine bekannt? Wozu sind viele seiner Balladen geworden? Nennen Sie solche Gedichte! Nennen Sie sein bekanntestes Prosawerk! Was wissen Sie von Heines Leben? Was sagte Heine von sich?

Der deutsche Adel. Seite 55.

Wie sind die Deutschen? Was bedeutet das Wort „von" vor einem Namen? Nennen Sie mir einige adelige Familien! Was für Arten von Adel gibt es? Welche Leute gehören zu ersterer, welche zu letzterer Art? Was für Adelstitel gibt es? Wer gehört zum niederen Adel? Was ist eine Mißheirat? Wer adelt? Was erhält man, wenn man geadelt wird? Warum sind viele Männer geadelt worden? Wofür kann man noch geadelt werden? Was bedeutet der persönliche Adel? Warum erhielt Röntgen den persönlichen Adel? Was ist der Uradel? Wie sind diese Familien? Wie redet man die Herrscher an? Wie redet man die Adeligen an? Wer hat einen adeligen Charakter? Was adelt? Wer machte sich nichts aus dem Adel?

Der gute Ton. Seite 57.

Welche deutsche Redensart sollen wir uns merken? Was haben andere Länder? Wo sind andere Sitten? Ist in Amerika das gleiche Sitte wie in Deutschland? Wohin reisen wir jetzt? Wovon will ich Ihnen etwas erzählen? Wen können wir auf der Straße treffen? Was tun wir, wenn wir einen Bekannten treffen? Vor wem ziehen wir den Hut ab? Ziehen wir den Hut nur vor Damen ab? Was tun wir, wenn wir eine bekannte Dame treffen? Warten wir, bis sie uns grüßt? Wo nehmen wir den Hut ab? Nehmen wir den Hut in einem Laden ab, in welchem nur Herren sind? Wann setzen wir den Hut wieder auf? Auf welcher Seite muß ich die Dame gehen lassen? Welche Menschen lassen wir an der rechten Seite gehen? Was muß ich mir merken, wenn ich einen Besuch machen will? Nehme ich auch meinen Überzieher in das Zimmer mit? Wo lasse ich meine Handschuhe und meinen Hut nicht? Wen müssen wir zuerst begrüßen? Küßt man auch einer unverheirateten, jüngeren

Dame die Hand? Küßt man überall in Deutschland der Dame
des Hauses die Hand? Wie rede ich die Dame des Hauses an?
Was sage ich zu der Haustochter?

Vergnügungen. Seite 59.

Was gibt es in unserer Stadt? Was wird in unserem Opern=
haus gegeben? Was ist der Unterschied zwischen einer Oper und
einer Operette? Wie oft gehen wir in das Opernhaus? Kann
man in das Opernhaus umsonst gehen? Sind die Eintritts=
preise niedrig? Können wir immer in das Opernhaus gehen,
wenn wir wollen? Können wir so oft in das Opernhaus gehen,
wie wir wollen? Was fragen wir oft? Wie oft waren Sie seit
November im Opernhaus? Was haben Sie im Opernhaus
gesehen? Wie finden Sie Wagner? Gefällt Ihnen Mozart
besser? Haben Sie Webers „Freischütz" gerne? Welche Ope=
rette kennen Sie? Wohin gehen wir auch manchmal? Was
wird dort gegeben? Wie ist das Repertoire des Schauspiel=
hauses? Wie oft waren Sie dort, seit Anfang der Saison?
Was waren Sie im vorigen Jahre? Wieviel kostet ein Abonne=
ment im Schauspielhaus? Wann gehen wir nur in das Schau=
spielhaus? Wissen Sie auch wirklich, ob ein Stück gut oder
schlecht ist? Welches Stück wurde im vorigen Monate mehrere
Male gegeben? Von wem ist es? Ist es ein Volksstück oder ein
Trauerspiel? Weint man oft in einem Lustspiel?

Musik. Seite 61.

Wo wird die Orgel gespielt? Wird dort die Orgel am Mitt=
woch gespielt? Wo sitzt der Herr Organist? Was spielt er?
Können Sie einen Choral singen? Nennen Sie mir einige
deutsche Kirchenlieder! Wissen Sie sonst noch einige? Wer
kommt am Montag in unsere Stadt? An welchem Tage spielen

die Stadtmusikanten? Spielen diese auch Kirchenlieder? Kennen Sie ein deutsches Volkslied? Können Sie auch die Melodie dazu singen? Aber kennen Sie auch amerikanische Volkslieder? Nennen Sie mir einige! Was tun die Kinder, wenn die Stadtmusikanten spielen? Was tut Nachbars Franz? Wer spielt zweimal in der Woche im Park? Auf was blasen diese Leute? Was schlägt der Trommelschläger? Was schlägt der Kapellmeister? Können Sie mir einige Blasinstrumente nennen? Was spielt am Donnerstag? Wie viele Mitglieder hat das Orchester? Was für Instrumente finden wir in diesem Orchester? Wo steht der Dirigent? Was hat er in der Hand? Was tut er? Was muß ich jeden Freitag tun? Tue ich dies gerne? Was tue ich am Anfang der Stunde? Was dann? Wie oft spiele ich die Tonleiter?

Mahlzeiten. Seite 62.

Wie viele Mahlzeiten haben die deutschen Familien oft? Wie heißt die erste Mahlzeit? Ißt man bei dieser Mahlzeit viel? Was trinkt man denn bei dieser Mahlzeit? Was ißt man dazu? Was ißt man bei der zweiten Mahlzeit? Wann ist diese? Wie nennt man sie? Woraus besteht kalter Aufschnitt? Kann man auch etwas Warmes beim zweiten Frühstück bekommen? Was kriegt man denn da? Wie kann man Eier zubereiten? Was trinkt man um elf Uhr, oder um zehn? Wann wird das Mittagessen gegessen? Gibt es auch Familien, welche um zwölf Uhr zu Mittag essen? Können diese Familien das zweite Frühstück erst um elf Uhr nehmen? Warum denn nicht? Was gibt es beim Mittagessen? Ißt man bloß Fleisch? Was für Arten Fleisch kann man in Deutschland bekommen? Was für Gemüse gibt es? Woraus besteht die Nachspeise? Was haben viele Deutsche eine Stunde nach dem Mittagessen? Wann essen die Deutschen schon wieder? Was gibt es beim Abend-

essen? Was trinkt man da? Was tut man vor dem Essen? Wer
deckt den Tisch gewöhnlich? Was legt sie auf jeden Platz? Was
stellt sie auf jeden Platz? Was legt sie noch dazu? Wozu
braucht man Serviettenringe?

Eine Fahrt durch die Luft.   Seite 64.

Was wollte ich schon längst unternehmen? Und wie wollte
ich durch die Luft fahren? Was ist denn das, ein Zeppelin?
Wieviel kostet so eine Fahrt? Kann jedermann so viel bezahlen?
Sind alle Leute mutig? Warum hatte ich Angst? Wann ver=
schwand die Angst? Was tat ich, um den Fahrpreis bezahlen zu
können? Was tat ich, als ich den Fahrpreis bezahlen konnte?
Wohin reiste ich, als ich die Luftschiffkarte hatte? Ist das Luft=
schiff klein? Wie kann man ein Ding nennen, das sehr groß ist?
Hatte ich mir ein so großes Luftschiff erwartet? Wann sollte
der Aufstieg erfolgen? Was hatte man schon um acht Uhr
beendet? Wo hat das Luftschiff bis um acht Uhr gestanden?
Welche Leute waren an ihren Plätzen? Wer aber spazierte
draußen umher? Warum tat er dies? Wer war noch draußen?
Wo war ich selbst? Von wem erfuhr ich alles, was ich über das
Luftschiff weiß? Wie lang ist es? Aus wieviel Gaszellen besteht
es? Woraus besteht das Gerippe des Schiffes? Womit ist es
überzogen? Wo sind die Gondeln? Wie viele Gondeln hat das
Luftschiff? Wo hat der Führer seinen Stand? Was befindet
sich in der Führergondel? Wer befindet sich darin? Wo sind
noch zwei Motoren? Wie viele Pferdekräfte haben alle diese
Motoren zusammen? Wozu benützt man das Benzin? Was
treibt der vordere Motor? Was die hinteren Motoren? Wie
viele Flügel hat die eine der hinteren Luftschrauben? Wie viele
die andere? Wie viele Flügel haben die vorderen Luftschrauben?
Womit wird das Luftschiff nach rechts oder links, oben oder
unten gelenkt? Wo hängt die Passagierkabine? Wie sieht es

da drinnen aus? Wie viele Personen können in der Passagierkabine Platz finden? Wo stehen elegante Korbstühle? Was
liegt auf dem Boden? Wohin kann man blicken?

Moderne Erfindungen. Seite 67.

Was ist eine praktische Erfindung? Wer bringt einen Freund
zum Abendbrot? Wohin geht seine Frau? Was macht sie auf?
Weiß sie die Nummer auswendig? Was steht auf Seite hundert? Was nimmt sie ab? Was tut sie? Was ruft eine
Stimme? Was antwortet die Dame? Wer ruft jetzt durch
das Telephon? Was antwortet die Frau? Was will sie von
dem Delikatessengeschäft? Will sie sonst noch etwas? Was sagt
sie, wenn sie nichts mehr will? Wann telephoniert man zum
Doktor? Was ist im Hause ausgebrochen, wenn man zur
Feuerwehr telephoniert? Wem telephoniert man, wenn ein
Dieb im Hause ist? Was telephoniert man, wenn es zu Hause
bloß Suppenfleisch gibt? Ist man wirklich sehr beschäftigt?
Was für eine andere praktische Erfindung kennen Sie noch? An
wen telegraphiert man, wenn man kein Geld hat? Was telegraphiert man? Hat man sich immer ein Bein gebrochen, wenn
man kein Geld hat? Glaubt es der Vater, wenn man ihm telegraphiert, daß man ein Bein gebrochen hat? Bleibt der Vater
zu Hause, wenn man ihm das telegraphiert? Was antwortet
er? Was bringt er mit, wenn er zu seinem Sohne fährt? Wird
er das Geld dem Sohn geben?

Haustiere. Seite 69.

Welche Haustiere kennen Sie? Wie ist das Pferd? Wozu
benützt man das Reitpferd? Was für ein Pferd gibt es außerdem? Was tut dieses Pferd? Welches Pferd zieht den schweren
Wagen oder den Pflug? Wann führt man das Pferd in den

Stall? Was für ein sehr nützliches Haustier gibt es noch? Was tut man mit dem Fleisch dieses Haustieres? Was macht man aus seiner Haut, aus seinen Hörnern? Wovon bekommen wir die Milch? Was tut die Bauersfrau täglich? Wo steht die Kuh, wenn sie nicht auf der Wiese ist? Wann wird sie geschlachtet? Was wird von der Kuh gegessen? Was macht man aus ihrer Haut? Wer bewacht das Haus? Was tut er, wenn ein Dieb in das Haus will? Wen hört der Dieb? Was sagt er dann? Hört er dann überhaupt zu stehlen auf? Was ist im nächsten Hause nicht? Wie ist der Hund? Wen kennt er? Bleibt er im Hause, wenn sein Herr kommt? Bewacht auch die Katze das Haus? Was fängt die Katze? Schleicht sie am Tage umher? Wo kommt die Maus heraus? Wohin will die Maus gehen? Ist die Maus ein nützliches Tier? Auf wen springt die Katze? Wer wird von der Katze gefangen? Wie arbeitet ein Mensch, der sehr viel arbeitet? Ist der Ochse klug? Wie ist eine Katze?

Ein wenig Geographie. Seite 70.

Wo liegt Deutschland? Nennen Sie mir die Grenzen Deutschlands im Norden! Was liegt im Osten von Deutschland? Welche Länder liegen im Süden von Deutschland? Wo liegen Frankreich, Belgien und die Niederlande? Welches sind die größten Flüsse Deutschlands? Ist Berlin größer als München? Welche großen Städte Deutschlands kennen Sie noch? Aus wie vielen Staaten besteht Deutschland? Wie viele Königreiche gibt es in Deutschland? Wie viele Großherzogtümer? Wie viele Herzogtümer? Wie viele Fürstentümer? Gibt es auch freie Städte? Wie viele? Was ist Elsaß-Lothringen? Wie heißen die vier Königreiche? Welches ist das größte von diesen Königreichen? Was ist der König von Preußen noch? Wie heißen die Republiken Deutschlands? Ist das Deutsche Reich eine Republik oder eine Monarchie? In wessen Händen

liegt die Regierung des Reiches? Wen vertritt der Bundesrat?
Wen der Reichstag? Wer ernennt die Mitglieder des Bundes-
rates? Wer erwählt die Mitglieder des Reichstages? Wie ist
die Wahl der Reichstagsmitglieder? Welcher deutsche Bürger
darf wählen? Haben die Frauen und die Männer das Recht zu
wählen? Wo ist der Sitz der Bundesregierung? Wo haben der
Bundesrat und der Reichstag ihre Sitzungen? Wer wohnt in
Berlin? Wie groß ist Deutschland? Wie viele Einwohner hat
dieses Reich?

Die Reise durch Deutschland. Seite 71.

Wie groß ist Deutschland im Vergleich mit den Vereinigten
Staaten? Welches Land hat mehr Einwohner, Deutschland
oder die Vereinigten Staaten? Welches Land hat verhältnis-
mäßig mehr Einwohner? Welches ist die größte Stadt Deutschlands? Wie viele Einwohner hat sie? Welche Stadt liegt an
der russischen Grenze? Wie weit muß man von dieser Stadt
nach Berlin reisen? Was kannst du trinken, bevor du zum
Bahnhof gehst? Um wieviel Uhr muß man auf dem Alexanderplatz sein? Was nimmt dich mit? Wann bist du in Eydtkuhnen? Wann bist du im russischen Reiche? Welche Reise
dauert länger: jene nach Osten oder die nach Westen? Geht die
Eisenbahn auf geradem Wege nach Westen? Wie lange mußt
du reisen, bis du nach Metz kommst? Was kann man auf dieser
Reise tun? Wann fährst du von Berlin ab? Wann kommst du
nach Frankfurt a. M.? In was für einer Stadt kannst du deinen Kaffee trinken? Wann bist du an der lothringischen Grenze?
Wie viele Stunden braucht man, um von Ostpreußen nach
Frankreich zu kommen? Was könnte man dazwischen noch in
Berlin tun? Wie viele Stunden würdest du gebrauchen, um
die Vereinigten Staaten von New York bis nach Kalifornien zu
durchreisen? Beschreiben Sie mir eine solche Reise!

Auf dem Ball. Seite 72.

Wo ist großer Ball? Wann ist er? Wie viele Personen sind
eingeladen? Was haben diese Leute an? Was tragen die
Damen? Was tragen sie in der Hand? Wie ist die Ballklei=
dung der Herren? Was tut man zuerst, wenn man in den
Ballsaal tritt? Wen begrüßt man zuerst? Mit wem spricht
man dann? Redet man lange mit ihnen? Was geschieht mit
den Tanzkarten? Wie viele Tanzkarten erhält jede Dame und
jeder Herr? Was steht auf den Tanzkarten? Was für Tänze
gibt es in Deutschland? Was kommt am Schlusse? Was tut
jeder Herr, der tanzen kann? Wohin schreibt er den Namen der
Dame? Was schreibt die Dame auf ihre Tanzkarte? Was
fängt bald zu spielen an? Auf wen geht jeder Herr zu? Was
tut er dann? Was tut die Dame dann? Was tun nachher
beide? Wohin führt der Herr seine Dame nach dem Tanze?
Was tut er, während er eine Verbeugung macht? Womit er=
widert die Dame den Dank? Auf wen geht der Herr zu, wenn
die Musik wieder anfängt? Wie muß der Herr beim Tanzen
sein? Wohin darf der Herr nicht treten? Warum darf er dies
nicht tun? Wie sind nicht alle Menschen? Wie sind manche
Menschen? Was sagt der Herr, wenn er der Dame auf den Fuß
getreten ist? Was können nicht alle Damen zugleich tun, wenn
auf dem Balle mehr Damen als Herren sind? Wo bleiben die
Damen sitzen, welche dann nicht tanzen können? Wie nennt
man solche Damen? Was gibt es bei Zelles nicht? Wie viele
Damen und Herren laden Zelles ein? Was reicht man im
Laufe des Abends herum? Wann findet das Souper statt?
Was sagt man am Schlusse zu Herrn und Frau Rechtsanwalt?
Was tut ein rechter Kavalier? Was sagt er nun? Was sagt
die Dame, während sie freundlich mit dem Kopfe nickt? Was
für ein Gesicht macht nun der Kavalier? Wohin geht er dann?
Wen begleitet er dann?

Antworten

NOTHING tends to fix the vocabulary and the sentence-structure of a lesson more firmly in the mind than what, for lack of a proper term, may be called "juggling with the text." Even when time is pressing, a few moments of easy play with the new ideas which a class has just gained will prove an invaluable aid to the memory.

Of the several devices for oral and written transposition of a story which readily suggest themselves to the mind of a teacher, I believe none to be better adapted to the needs of an elementary class than the following: Answers for which suitable questions are prepared by the pupil.

There is given below, to accompany each sketch of the first part of GERMAN LIFE, a group of four answers. Any one of them will be found to furnish a fit response to several possible questions. Such questions are of easy manufacture by the pupil who is familiar with the text on which they are based. The following exercise will show how the answers may be used:

1. Have the pupil, as a part of his written home-work, prepare suitable questions.

2. Have the pupil, when in class and with his book closed, prepare suitable questions on the spur of the moment.

3. Have the pupil, as a part of his written home-work, invent answers similar to those given below.

4. Have the pupil find two or three questions for each answer.

While any one of the variations above does not consume more than a small fraction of the recitation-period, the following method of treating the exercise requires a somewhat longer time:

On a sheet of paper (about eight inches wide and four inches long) the pupil writes an answer of his own invention. To this he signs his name. The teacher collects the papers and redistributes them, taking care, of course, that no pupil receives his own paper. Each member of the class now writes a suitable question for the answer which he finds on the paper handed to him by the teacher. After the pupil has signed his name to the question, he folds the paper in such a way that the original answer is hidden from view. The papers are then collected again by the teacher and redistributed. The new recipient is now required to write an apt answer to the question which he sees on the paper. Then the teacher collects the papers and reads to the class the question and the two answers to it. If necessary, the teacher and the class correct or reconstruct what has been written.

Das Haus. Seite 3.

Nein, unser Haus hat nur acht Zimmer.
Die Schlafzimmer sind im zweiten Stock.
Weil wir kein Eßzimmer haben.
Ja, sie ist zu Hause.

Das Studierzimmer. Seite 4.

Weil wir in diesem Zimmer studieren.
Es hat vier Schubladen.
Wir haben Goethes Werke, aber nicht Schillers Werke.
Es hängt über dem Sofa.

Das Schlafzimmer. Seite 5.

Wir gehen um zehn zu Bett.

Es hängt über dem Handtuchhalter.

Nein, dies ist mein Schlafzimmer.

Wenn ich müde bin.

Das Hausgerät. Seite 6.

Weil die Sonne scheint.

Er kommt abends nach Hause.

Nein, ich kann nicht spielen.

Diese Tür führt in das Wohnzimmer.

Die Küche. Seite 7.

Sie wäscht jetzt das Geschirr.

Jeden Tag brauchen wir Eis.

Nein, ich habe nie genascht.

Damit sie nicht sauer wird.

Der Garten. Seite 9.

Unser Garten ist nur klein.

Ja, ich habe die Blumen schon begossen.

Ich glaube, er ist in der Laube.

Weil es heute geregnet hat.

Der Tag. Seite 10.

Ich putze sie heute abend.

Sie sind noch nicht aufgestanden.

Weil er um acht Uhr in der Schule sein muß.

Ich glaube, es ist der Briefträger.

Die Straße. Seite 11.

Sie heißt Kaiserstraße.

Wir haben heute keine Bananen.

Sie kosten vier Mark das Paar.

Geben Sie mir ein Dutzend.

Die Stadt. Seite 12.

Zehn tausend Einwohner.

Gehen Sie diese Straße entlang bis zum Rathausmarkt.

Er geht schon zur Schule.

Nein, ich habe heute keinen Appetit.

Die Uhr. Seite 13.

Es ist drei Uhr.

Weil ich den Wecker auf sieben gestellt habe.

Wir haben eine, aber sie schlägt nicht.

Ich habe vergessen, sie aufzuziehen.

Die Zeit. Seite 14.

Nein, er ist noch nicht hier gewesen.

Ich esse um eins.

Weil es schon dunkel wird.

Nicht mehr als sechs Stunden.

Die Woche. Seite 16.

Jeden Sonntag morgen.

Sie fängt am Montag an.

Weil er sehr beschäftigt ist.

Sie sind ins Theater gegangen.

Das Jahr. Seite 17.

Weil dieses Jahr ein Schaltjahr ist.

Am fünfundzwanzigsten Dezember.

Dieses Jahr fällt es auf den zwölften April.

Ja, heute ist der erste Mai.

Die Zeitung. Seite 18.

Nein, der Zeitungsträger ist krank.

Das ist der amerikanische Gesandte.

Ich glaube, sie stehen auf der zweiten Seite.

Also, wirklich verlobt! Was Sie nicht sagen!

Das Wetter. Seite 20.

Ja, im Frühling kommt das vor.

Richtig, das Haus da drüben brennt!

Können Sie nicht sehen, es regnet?

Mir gefällt der Herbst am besten.

Das Geld. Seite 21.

Nein, er ist Fabrikant.

Er erhält vierzig Mark die Woche.

Sie bezahlt vier Prozent.

Weil es leichter zu tragen ist.

Fuhrwerk. Seite 22.

Er sitzt auf dem Kutscherbock.

Das ist die Karte, auf dem der Tarif steht.

Siebzig Pfennig für das erste Kilometer.

Sieben Personen können darin sitzen.

Die elektrische Straßenbahn. Seite 23.

Damit ich einsteigen kann.

Ich will aussteigen.

Weil ich ihm ein Trinkgeld gegeben habe.

Er fährt nach der Post.

Auf der Eisenbahn. Seite 25.

Es ist ja ein Güterzug.

Wahrscheinlich weil er viel Geld hat.

Das ist entweder ein Millionär oder ein Amerikaner.

Nein, das ist ein Abteil für Nichtraucher.

Am Bahnhof. Seite 26.

Eine Fahrkarte dritter Klasse, Berlin!

Gehen Sie bitte an das zweite Fenster links.

Nein, Sie müssen eine Bahnsteigkarte kaufen.

Dieser Zug fährt nach Hamburg.

Das Restaurant.   Seite 27.

Weil ich keine Zeit habe, nach Hause zu gehen.

Ja, morgens, mittags und abends.

Gewiß, wenn es auf der Speisekarte steht.

Bitte, zwei Mark und zehn Pfennige.

Das Hotel.   Seite 28.

Ich werde ihn sofort rufen.

Vierzig Zimmer im zweiten Stock, dreißig im ersten.

Das Zimmermädchen wird Ihnen ein Glas hinaufbringen.

Weil er meine Kleider und Schuhe gereinigt hat.

Die Kirche.   Seite 29.

Heute ist ja Sonntag.

Es ist eine protestantische Kirche.

Er heißt Doktor Selig.

Ich habe zehn Pfennig hineingeworfen.

Der Beruf.   Seite 31.

Nein, er hat das Staatsexamen noch nicht bestanden.

Er muß drei Jahre studieren.

Ich habe Sprachen und Geschichte studiert.

Er ist vier Jahre Privatdozent gewesen.

Das Schulzimmer.   Seite 32.

Ich habe es vergessen.

Sie hängt an dem Haken an der Wand.

Sie ist um drei Uhr aus.

Ungefähr hundert Knaben und hundert Mädchen.

Das Gymnasium.   Seite 33.

Ich bin in der Obertertia.

Lateinisch jeden Tag, Mathematik dreimal die Woche.

Weil er zu faul gewesen ist.

Ja, wenn ich mein Examen bestehe.

Die Universität. Seite 34.
> Ich habe mir die Vorlesungen noch nicht ausgesucht.
> Das ist Professor Heil, von der medizinischen Fakultät.
> Nein, ich gehöre keiner an.
> Ich hoffe, nächstes Jahr.

Im Schuhladen. Seite 35.
> Ich suche ein Paar gute Lackschuhe.
> Der Preis ist mir zu hoch.
> Ja, gewiß; unsere Werkstatt ist hinten im Laden.
> Dieses Paar kostet zwanzig Mark.

Beim Doktor. Seite 36.
> Von drei bis vier nachmittags.
> Nein, Schmerzen habe ich nicht.
> Weil der Mann sehr krank ist.
> Jawohl, der Herr Doktor kommt sofort.

In der Post. Seite 38.
> An der Ecke des Postplatzes und der Wilhelmstraße.
> Gehen Sie bitte an das zweite Fenster.
> Es gibt viele Meier. Wie heißen Sie mit dem Vornamen?
> Er wird jede Stunde geleert.

Das Theater. Seite 39.
> Ungefähr tausend Personen können darin sitzen.
> Weil es noch zu früh ist.
> Einmal die Woche und höchstens zweimal.
> Weil es dort am billigsten ist.

Der Photograph. Seite 40.
> Im obersten Stock rechts.
> Zwanzig Mark das Dutzend.
> Aber ich habe ganz still gesessen.
> Ganz gut, aber der Mund ist etwas zu groß.

Der Schneider. Seite 41.

     Er wohnt Bismarckstraße 22.

     Nein, das ist ein alter Anzug.

     Morgen kann ich leider nicht kommen.

     Ich bedaure, wir geben keinen Kredit.

Das Handwerk. Seite 42.

     Er ist Schneider.

     Nein, ich will Tischler werden.

     Weil eine Fensterscheibe zerbrochen ist.

     Noch ein Jahr, und dann ist er Geselle.

Bei den Soldaten. Seite 44.

     Jawohl, ich habe das Gymnasium besucht.

     Leider nicht, ich bin nur Gemeiner.

     Dort wohnt ein General.

     Weil er desertiert hat.

Bekannte Gestalten. Seite 45.

     Ich weiß es nicht.   Bitte fragen Sie den Schutzmann.

     Der Mann hat gestohlen.

     Heute habe ich leider keinen für Sie.

     Er kommt im Sommer um acht, im Winter um vier.

Das neue Dienstmädchen. Seite 46.

     Jawohl! Treten Sie bitte näher.

     Ich habe bei Frau Direktor Schneider gedient.

     Nein, Herr Rabe schläft noch.

     Weil zu viele Kinder in der Familie waren.

Im Park. Seite 48.

     Sehr gerne, aber Sie müssen rudern.

     Weil die Gewächse sonst erfrieren.

     Auf der anderen Seite des Parks.

     Nicht heute; das Wetter ist zu schlecht.

Am Geburtstag. Seite 49.

Am siebzehnten August.

Er hat mir ein schönes Buch geschenkt.

Meinen allerbesten Dank.

Der Onkel ist leider krank.

Weihnachten und Neujahr. Seite 50.

Gewiß, ohne das geht es nicht.

Sehr viel: eine Puppe, einen Ball und noch vieles mehr.

Weil wir in die Kirche gehen wollen.

Wahrscheinlich von der großen Aufregung.

Umziehtag. Seite 51.

Ja, die alte Wohnung ist zu teuer.

Wahrscheinlich am ersten Mai.

Ja, wenn sie nicht zu weit vom Geschäft läge.

Entschuldigen Sie, ich habe Sie nicht gesehen.

Auf das Land. Seite 53.

Gewiß, sobald die Sommerferien anfangen.

Es gibt vier Klassen.

Setze dich auf den Korb.

Sehen Sie nicht, der Staub fliegt in den Abteil hinein.

Deutsche Dichter. Seite 54.

Ja, „Faust" und „Egmont."

Nein, „Wilhelm Tell" ist von Schiller.

Ich bin in Frankfurt gewesen, aber nicht in Weimar.

Das wissen Sie nicht?   Das ist ja von Heine.

Der deutsche Adel. Seite 55.

Jawohl, er heißt von Fürstenberg.

Man nennt das eine Mißheirat.

Weil er sich im Kriege ausgezeichnet hat.

Weil er die X-Strahlen entdeckt hat.

Der gute Ton. Seite 57.

    Gewiß, gleichviel ob es ein Herr oder eine Dame ist.

    Ja, wenn Damen im Laden sind.

    Nein, den Überzieher lassen Sie draußen.

    Er ist leider krank.

Vergnügungen. Seite 59.

    Nicht sehr oft. Die Eintrittspreise sind zu hoch.

    Ja, wenn eine Oper gegeben wird.

    Ich ziehe ein gutes Lustspiel vor.

    Ja, wir haben ein großes Konzerthaus und einen Zirkus.

Musik. Seite 61.

    Er spielt Choräle.

    Luther hat den Choral „Ein' feste Burg" geschrieben.

    Nein, sie spielen nur Volkslieder.

    Jeden Tag, eine halbe Stunde lang.

Mahlzeiten. Seite 62.

    Nein, zum Frühstück trinken wir Kaffee.

    Sonntags um ein Uhr, an Wochentagen um zwei.

    Ja, wenn kein Kaffee oder keine Milch da ist.

    Sie steckt ja in dem Serviettenring.

Eine Fahrt durch die Luft. Seite 64.

    Nur einmal, und das vergesse ich nie.

    Zwei hundert Mark! Das ist aber viel.

    Das ist der Führer des Luftschiffs.

    Das glaube ich nicht. Köln liegt in südlicher Richtung.

Moderne Erfindungen. Seite 67.

    Gewiß haben wir eins! Mein Mann ist Arzt.

    Nein, wir haben noch Käse.

    Nein, ich bin sehr beschäftigt.

    Ja, bitte sofort! Ungefähr zweihundert.

Haustiere. Seite 69.

Wir haben Pferde, aber keine Kühe.

O ja, wir essen sein Fleisch und machen Leder aus der Haut.

Sie ist jetzt auf der Wiese.

Nein, die Maus war zu schnell.

Ein wenig Geographie. Seite 70.

Zwischen der Nordsee und der Ostsee.

Nein, der Rhein ist größer.

Preußen, Sachsen, Bayern und Württemberg.

Hamburg, Lübeck und Bremen.

Die Reise durch Deutschland. Seite 71.

Es liegt an der russischen Grenze.

Er fährt um neun Uhr morgens.

Wir kommen gegen zwei Uhr an.

Sie heißt Frankfurt.

Auf dem Ball. Seite 72.

Ich glaube, vierzig Personen.

Meinen Sie die Dame mit den Blumen im Haar?

Ich bedaure, ich bin für diesen Tanz schon engagiert.

Recht gerne, wenn Sie mir nicht auf den Fuß treten.

VOCABULARY

ᵃ

ab *adv. and sep. pref.* off, away, down

ab'-bürften *tr.* brush off

ab'-becfen *intr.* clear the table

der Abend (-e) evening, eve; am Abend, abends in the evening, evenings

das Abendbrot (-e) supper

der Abendbrottifch (-e) supper-table

die Abenddämmerung twilight

das Abendeffen supper, evening-meal

die Abendzeitung (-en) evening-newspaper

aber *conj.* but, yet, but yet, however, nevertheless, I tell you; das ift aber eine Antwort that's an answer, I must say

ab'-fahren (ä, u, a) *intr.* fein leave, depart

ab'-gehen (ging, gegangen) *intr.* fein go away, come off, start, set out

die Abhandlung (-en) treatise, monograph

ab'-holen *tr.* call for, come for

ab'-laufen (äu, ie, au) *intr.* fein run off; run down

ab'-löfen *tr.* release

ab'-nehmen (nimmt, nahm, genommen) *tr.* take off, remove

das Abonnement' [mang] (-s) subscription

abonnie'ren *intr.* fein subscribe, be a subscriber

ab'-reifen *intr.* fein depart

ab'-reißen (riß, geriffen) *tr.* tear off

der Abfaß (-e) heel

der Abfchied departure, leave

abfolut' *adj.* absolute

ab'-ftäuben *intr.* dust; beim Abftäuben while dusting

der Abteil (-e) compartment

die Abteilung (-en) department

der Abzählereim (-e) counting-out rime [of children]

ab'-ziehen (zog, gezogen) *tr.* strop [a razor]; take off

ach *interj.* ah! oh! alas! whew!

acht *num.* eight; halb acht half-past seven

achten *tr.* pay heed to; notice

acht'-geben (i, a, e) *intr.* pay attention

der Acfer (-) field, tilled ground

der Abel nobility

abelig *adj.* of noble birth, noble

abeln *tr.* ennoble, raise to the nobility

das Abelsbiplom (-e) patent of nobility

abieu' [abjö] *interj.* farewell! adieu!

der Abler (—) eagle

147

die **Adreſ'ſe** (–n) address
der **Agent'** (–en, –en) agent
die **Ahle** (–n) awl
ähnlich *adj.* similar; ſo etwas Ähnliches something of the sort
der **Akt** (–e) act [of a play]
der **Alaun** alum
der **Alexan'derplatz** Alexander Square
der **Alkohol** (–s) alcohol
all *adj. and indef. pron.* every, each, whole, altogether; *pl.* all the people, everybody; alle beide both of them; bei aller Arbeit with all her work; alle fünf Minuten every five minutes
alle *colloq. adv.* at an end, all gone
allein' *adj. used only in the predicate* alone, by one's self, single; *adv.* only, solely; *conj.* but, yet, still
allerdings' *adv.* to be sure, it is true
allerhand *indecl. adj.* every kind of
allerlei' *indecl. adj.* of all sorts, all sorts of
allerneu'eſt *adj.* very latest
alles *indef. pron.* all, everything, everybody; das alles all that; das geht ja über alles why, that beats anything I ever heard
allgemein' *adj.* general, common, universal
allmäh'lich *adv.* gradually
als *adv. and conj.* as; *after neg.* but, except; *after compar.* than
. *w. past tense of verb* when; –als ob, als wie as if

alſo *adv.* so, thus, as follows; then, therefore, consequently; *interj.* well then! here goes!
alt (älter, am älteſten) *adj.* old, ancient
der **Altar'** (–e) altar
die **Altar'decke** (–n) altar-cloth
das **Alter** (—) age; im beſten Alter in [one's] prime
das **Alumi'nium** aluminum
am *contr. of* an dem
Ama'lie *prop. name*
die **Ameiſe** (–n) ant
das **Ame'rika** America
der **Amerika'ner** (—) American
amerika'niſch *adj.* American
das **Amt** (–er) office; [telephone] exchange
das **Amtszimmer** (—) office, bureau
amüſie'ren *tr.* amuse
an *prep. w. dat. and acc. and sep. pref.* at, on, in, by, to
die **Analy'ſe** (–n) analysis
die **Ananas** (—) pineapple
an'-bringen (brachte, gebracht) *tr.* fix, attach
ander *adj.* other, second; am anderen Tage [on] the next day; einen nach dem anderen one after the other
ändern *tr.* change
anders *adv.* otherwise, else; different; nichts anders als nothing but
der **Anfang** (–e) beginning; aller Anfang iſt ſchwer it's the first step that counts
an'-fangen (ä, i, a) *tr. and intr.* begin, commence,·do

anfangs *adv.* at first, in the beginning

bie Angelegenheit (–en) affair, business

ber Angeftellte (*decl. as adj.*) employee

bie Angft (–e) anxiety, fear

an'=halten (ä, ie, a) *tr. and intr.* fein stop, bring to a stop

an'=fommen (fam, gefommen) *intr.* fein arrive; bas fommt barauf an that depends

bie Anfunft (–e) arrival

an'=lächeln *tr.* smile at

anmutig *adj.* pleasing, agreeable

an'=nähen *tr.* sew on

an'=nehmen (nimmt, nahm, genommen) *tr.* accept, take, receive

bie Annon'ce [annongße] (–n) advertisement

an'=paffen (paßte, gepaßt) *tr.* fit, try on; zum Anpaffen for a fitting

an'=reben *tr.* address

an'=richten *tr.* serve, dish out [the victuals], get ready; es ift angerichtet dinner is served

ans *contr.* of an bas

an'=fehen (ie, a, e) *tr.* look at, regard, behold; mit anfehen witness

anständig *adj.* decent

an'=ftellen *tr.* employ

an'=ftreichen (i, i) *tr.* paint

ber Anftreicher (–) painter

bie Antwort (–en) answer

antworten *tr.* answer, reply

anwefend *adj.* present

an'=zeigen *tr.* announce, indicate

an'=ziehen (zog, gezogen) *tr. and refl.* put on, pull, dress

ber Anzug (–e) suit of clothes

an'=zünden *tr.* light, ignite, set fire to

ber Apfel (–) apple

ber Apfelbaum (–e) apple-tree

ber Apfelfinenbaum (–e) orange-tree

bie Apfeltorte (–n) apple-cake [two layers of sweetened bread dough filled with sliced apples; German substitute for pie]

bie Apothe'fe (–n) apothecary-shop, drug-store

ber Apothe'fer (—) apothecary, druggist

ber Apparat' (–e) apparatus

ber Appetit' (–e) appetite

bie Aprifo'fe (–n) apricot

ber April' (–e) April

bie Arbeit (–en) work, labor; an bie Arbeit gehen set to work

arbeiten *intr.* work

ber Arbeiter (—) workman, laborer

bas Arbeitspferb (–e) work-horse

ber Architeft' (–en, –en) architect

ärgerlich *adj.* angry, vexed

ber Arm (–e) arm

arm (ärmer, am ärmften) *adj.* poor

ber Ärmel (—) sleeve

ber Arreft' (–e) arrest, guardhouse; befommt Arreft gets arrested

arretie'ren *tr.* arrest

bie Art (–en) way, manner, kind, sort

artig *adj.* well-behaved, good

bie Artillerie' artillery

der Arzt (⸗e) doctor, physican

der Asphalt' asphalt [pavement]

aß *pret. of* essen

das Atelier' [atelieh] (⸗s) studio

der Atem breath; Atem zu holen get [one's] breath

atmen *intr.* breathe

au *interj.* ow! ouch!

auch *adv.* also, likewise, too; even; *in irony* won't it?

die Audienz' (⸗en) audience, hearing

auf *prep. w. dat. and acc. and sep. pref.* up, on, open, upon, for; auf und ab up and down

auf'⸗bleiben (ie, ie) *intr.* fein stay up

auf'⸗brechen (i, a, o) *tr.* break open

das Aufdecken setting the table

der Aufenthalt (⸗e) abode, haunt, sojourn

auf'⸗effen (ißt, aß, gegeffen) *tr.* eat up, consume

auf'⸗führen *tr.* perform, give, present

die Aufgabe (⸗n) task, lesson

auf'⸗geben (i, a, e) *tr.* deliver; give up

auf'⸗gehen (ging, gegangen) *intr.* fein go up, rise, open

aufgeregt *adj.* excited

auf'⸗heben (o, o) *tr.* raise; fie hebt die Tafel auf she gives the signal to rise

auf'⸗hören *intr.* cease, stop, be at an end; hört's denn noch immer nicht auf? do you suppose it's never going to stop?

auf'⸗machen *tr.* open

aufmerffam *adj.* attentive

die Aufnahme (⸗n) taking; sitting, likeness

auf'⸗paffen (paßte, gepaßt) *intr.* watch, pay attention, look out, take care

die Aufregung (⸗en) excitement

aufrichtig *adj.* sincere; aufrichtig gefagt to tell the truth

der Auffchnitt (⸗e) cut; kalter Auffchnitt sliced cold meats

auf'⸗fetzen *tr.* put on

auf'⸗fpringen (a, u) *intr.* fein jump up

auf'⸗ftehen (ftand, geftanden) *intr.* fein get up, rise; mal aufftehen! get up, will you!

auf'⸗fteigen (ie, ie) *intr.* fein rise, make an ascent

der Aufftieg (⸗e) ascent

auf'⸗tragen (ä, u, a) *tr.* serve, carry in

auf'⸗wärmen *tr.* warm up [again]

auf'⸗ziehen (zog, gezogen) *tr.* rear, raise, breed; wind [a watch]; *intr.* fein rise, appear

das Auge (⸗s, ⸗n) eye; aus den Augen aus dem Sinn out of sight out of mind

der Augenblick (⸗e) moment, instant; im Augenblick at the same moment

augenblicklich *adj.* for the present moment, for the time being

der August' (⸗e) [month of] August

aus *prep. w. dat. and sep. pref.* out, from, forth; over, done

der Ausblick (⸗e) view, sight, prospect

aus'⸗brechen (i, a, o) *intr.* fein break out

aus'=bringen (brachte, gebracht) tr. bring out; propose [a toast]

aus'=bügeln tr. press [with an iron]

die Aus'fahrt (-en) trip, excursion

aus'=füllen tr. fill out, put in

aus'=geben (i, a, e) tr. spend

aus'=gehen (ging, gegangen) intr. sein go out

aus'=lachen tr. ridicule, make sport of

das Ausland foreign parts, abroad

aus'=läuten tr. announce the close of

aus'=rufen (ie, u) tr. call out, cry aloud

aus'=ruhen refl. rest up

aus'=sehen (ie, a, e) intr. look, seem, appear

außen adv. without

außer prep. w. dat. out of, in addition to, besides, except, but

außerdem adv. besides, in addition

aus'=sprechen (i, a, o) tr. express, pronounce

aus'=steigen (ie, ie) intr. sein get out, climb out

aus'=suchen tr. hunt out

der Ausverkauf (-e) clearance-sale

die Auswahl (-en) selection, assortment

auswendig adv. by heart

aus'=zeichnen tr. distinguish

aus'=ziehen (zog, gezogen) tr. take off, remove

das Auto (-s) auto[mobile]

der Autobus (-fe) autobus

das Automobil' (-e) automobile

der Automobil'fahrer (—) automobile-driver, chauffeur

der Automobil'stand (-e) automobile-stand

B

der Bach (-e) brook

die Backe (-n) cheek; more colloq. than die Wange

backen tr. bake; beim Backen while you're baking

der Bäcker (—) baker

der Backofen (-) oven

der Backstein (-e) brick

das Bad (-er) bath; summer-resort

die Badeanstalt (-en) bath-house

baden intr. bathe

das Badezimmer (—) bathroom

die Bahn (-en) road, pass, way; mit der Bahn on the train

der Bahnhof (-e) depot, station

der Bahnhofsvorsteher (—) station-master

der Bahnsteig (-e) platform

die Bahnsteigkarte (-n) platform-ticket

bald adv. soon, at once; bald ... bald now ... now

die Balkanhalbinsel Balkan Peninsula

der Ball (-e) ball

die Ballade (-n) ballad

der Balladendichter (—) writer of ballads

ber Ballanzug (⸚e) evening-dress

bas Ballkleid (–er) evening-gown

ber Ballsaal (–fäle) ball-room

ber Ballschuh (–e) dancing-slipper

bie Bana'ne (–n) banana

bas Band (⸚er) ribbon

bang (bänger, am bängsten) adj. anxious, afraid, fearful

bie Bank (⸚e) bench, seat

bankerott' adj. bankrupt; banke-rott machen go into bankruptcy

ber Bankier [ieh] (–s) banker

bar adj. ready, in cash; nur gegen bar for cash

ber Bär (–en, –en) bear

ber Baron' (–e) baron

ber Barren (—) horizontal-bar

ber Bart (⸚e) beard

bie Bartbinde (–n) mustache-band [to hold the hair as the barber has curled it]

bat pret. of bitten

bauen tr. build; till, cultivate

ber Bauer (–s or –n, –n) peasant, farmer

bie Bauersfrau (–en) farmer's wife

ber Baum (⸚e) tree

bie Baumwolle cotton

baumwollen adj. cotton

ber Baumwollstoff (–e) cotton-material

bas Bayern Bavaria

be- insep. pref. be-

ber Beam'te (decl. as adj.) official

beant'worten tr. answer

bas Becken (—) basin, tank

bebau'erlich adj. regrettable

bebau'ern tr. grieve, regret, be sorry [for]

bebe'cken tr. cover

beben'ken (bebachte, bebacht) refl. think it over, recall it

beben'ten tr. mean, signify; es hat nichts zu bebeuten it's a matter of no importance

bebie'nen tr. serve

bas Beeffteak [pron. as in Eng.] (–s) beefsteak

beeh'ren tr. honor, favor

beei'len refl. hurry up

been'ben, been'bigen tr. end, complete

bas Beet (–e) [flower] bed, [garden] bed

ber Befehl' (–e) command; zu Befehl! very well, sir!

befeh'len (ie, a, o) tr. order, command; commend, intrust

befin'ben (a, u) refl. be; do; wie befinben Sie sich? how are you?

beför'bern tr. convey

begann' pret. of beginnen

begeg'nen intr. w. dat. fein meet

begie'hen (begoß, begoffen) tr. sprinkle, water

ber Beginn' beginning

begin'nen (a, o) tr. begin

beglei'ten tr. accompany

bie Beglei'tung company

begrü'hen tr. salute, greet

behan'beln tr. treat

behaup'ten tr. assert, insist; er behauptete steif unb fest he persisted in saying

bei prep. w. dat. at, of, with, by, to, on, in, at the house of; bei Meiers at Meier's house; bei sich to himself, to herself; bei uns in our country

beibe adj. pl. both, each, the two;

alle beibe both of us, both of them

beibes *neut. sg.* both of them

beim *contr. of* bei bem

das Bein (-e) leg; auf bie Beine helfen help on his feet

beinahe *adv.* almost, nearly

bie Beinkleiber *neut. pl.* trousers

beifei'te *adv.* aside, to one side

das Beifpiel (-e) instance; zum Beifpiel for example

beißen (biß, gebiffen) *tr.* bite

bekam' *pret.* of bekommen

bekannt' *adj.* known, well-known, familiar, famous; mit bekannten Damen with the ladies of one's acquaintance

ber Bekann'te (*decl. as adj.*) acquaintance

bekom'men (bekam, bekommen) *tr.* get, receive

belegt' *part. adj.* spread, coated

bie Beleuch'tung lighting, illumination

das Belgien Belgium

bellen *intr.* bark

bemer'fen *tr.* remark, notice, observe

bie Bemer'kung (-en) remark

bemü'ßen *refl.* take the trouble to step

benut'zen *tr.* use, make use of

das Benzin' benzine, gasoline

beo'bachten *tr.* watch, observe

bepflaf'tern *tr.* pave, plaster

bereit' *adv.* ready, prepared

berei'ten *tr.* prepare, make ready

bereits' *adv.* already

ber Berg (-e) mountain; zu Berge ftehen stand on end

Berli'ner *indecl. adj.* Berlin

ber Beruf' (-e) calling, occupation, profession

berühmt' *adj.* famous, celebrated

beschäf'tigt *adj.* busy, occupied

beschlie'ßen (beschloß, beschloffen) *intr.* determine

beschrei'ben (ie, ie) *tr.* describe

befe'hen (ie, a, e) *tr.* examine

befetzt' *part. adj.* occupied, filled

befin'nen (a, o) *refl.* ponder, meditate

befit'zen (befaß, befeffen) *tr.* possess

befon'bers *adv.* especially

befor'gen *tr.* attend to

beffer *compar. of* gut *adj.* better

beft *superl. of* gut *adj.* best, most, utmost

beftän'big *adj.* constant

befte'hen (beftanb, beftanben) *intr.* [*w.* aus] consist; [*w.* auf] insist; *tr.* undergo, pass

beftel'len *tr.* order

beftimmt' *adj.* decided, definite, certain; *adv.* for certain

beftra'fen *tr.* punish

ber Befuch' (-e) visit; caller; auf Befuch to call

befu'chen *tr.* visit, attend

beten *intr.* pray

betref'fenb *adj.* concerning; bas betreffenbe Mufter the pattern in question

das Bett (-es, -en) bed

ber Bettelftubent (-en, -en) beggar-student

ber Bettler (—) beggar

das Bettuch (-er) sheet

ber Bettvorleger (—) bed-rug

bevor' *adv.* before

bewa'chen *tr.* guard

bewe'gen *tr. and refl.* move, stir, agitate

die Bewe'gung (–en) movement, exercise, gesture; emotion

bewun'dern *tr.* admire

bezah'len *tr.* pay, pay for

die Bibliothek' (–en) library

biegen (o, o) *intr.* sein turn

das Bier (–e) beer

das Bild (–er) picture, portrait; =Standbild image, statue

das Billet' [biljett] (–s) ticket; *still used instead of* Eintritts-karte

billig *adj.* just, reasonable; cheap

die Birne (–n) pear

bis *conj.* until; *prep. w. acc.* to, up to, as yet; bis zu to, as far as

bisher' *adv.* hitherto, till now

die Bismarckstraße Bismarck Street [named after the Iron Chancellor]

das Bißchen (—) small bite; ein bißchen a trifle, a bit, a little

biswei'len *adv.* sometimes

die Bitte (–n) entreaty, supplication

bitte *interj.* please! pray do! don't mention it!

bitten (bat, gebeten) *tr.* ask, plead, beg, pray, intercede; [*w.* um] ask for; ich bitte Sie! [I ask you to] believe me; wenn ich bitten darf if you please; wir bitten drum if you will, please

blank *adj.* shining, bright

blasen (ä, ie, a) *tr.* blow, play [the horn]

das Blasinstrument (–e) wind-instrument

blaß *adj.* pale, white

das Blatt (–er) leaf, page

blau *adj.* blue

das Blech (–e) sheet-metal, tin-plate

die Blechschere (–n) tin-shears

das Blei lead

bleiben (ie, ie) *intr.* sein stay, remain; stehen bleiben stop, stand still; übrig bleiben be left

bleich *adj.* pale, pallid, white, wan

der Bleistift (–e) lead-pencil

der Blick (–e) look, glance

blicken *intr.* look, see, glance; gleam, glint, flash

blieb *pret. of* bleiben

blies *pret. of* blasen

blind *adj.* blind

die Blindekuh blind-man's buff

der Blitz (–e) lightning, flash of lightning

blitzen *intr.* gleam, sparkle, glisten; lighten

bloß *adj.* naked, bare; *adv.* merely, barely, simply, only

blühen *intr.* blossom, bloom, flourish

die Blume (–n) flower

der Blumengarten (–) flower-garden

das Blut blood

der Bock (–e) billy-goat

der Boden (–) soil, ground, bottom; =Fußboden floor; =Dach-boden attic, garret

bog *pret. of* biegen

die Bohne (–n) bean

die Bombe (–n) bomb

der *and* das **Bonbon'** [bongbong]
(–s) candy, sweet[meat]

das **Boot** (–e) boat

das **Boothaus** (–er) boat-house

böse *adj.* bad, evil, harmful;
angry, cross, frowning; *etwas
sehr Böses* a very naughty
thing; *eine böse Zahl* an un-
lucky number

die **Bota'nik** botany

brach *pret. of* brechen

brachte *pret. of* bringen

der **Brand** (–e) fire; *in Brand
setzen* set fire to

der **Braten** (—) roast [of meat]

braten (ä, ie, a) *tr.* roast, broil,
grill, fry

die **Bratenschüssel** (–n) platter

die **Bratkartoffel** (–n) fried potato

brauchen *tr.* need, want, use, take

braun *adj.* brown

die **Braut** (–e) fiancée, affianced,
engaged woman

der **Bräutigam** (–e) affianced,
fiancé, engaged man

brav *adj.* good, honorable, worthy,
excellent

bravo *interj.* bravo! well done!

brechen (i, a, o) *tr. and intr.* pick,
pluck, break

breit *adj.* broad, wide

brennen (brannte, gebrannt) *intr.*
burn

das **Brett** (–er) board, shelf; *das
schwarze Brett* bulletin-board

bricht *3d sg. pres. of* brechen

der **Brief** (–e) letter

der **Briefkasten** (—) mail-box

die **Briefmarke** (–n) postage-
stamp

die **Briefmarkenausgabe** (–n)
stamp-window

das **Briefpapier** (–e) note-paper

der **Briefträger** (—) letter-carrier,
postman

der **Briefumschlag** (–e) envelop

die **Brille** (–n) spectacles

bringen (brachte, gebracht) *tr.* bring,
carry, take

das **Brot** (–e) bread, loaf of bread

das **Brötchen** (—) [bread] roll

der **Brotträger** (—) bread-carrier,
baker's boy

die **Brücke** (–n) bridge

der **Bruder** (–) brother

brüllen *intr.* bellow; *infin. as
noun* bawling

der **Brüller** (—) bawler

brummen *intr.* growl, mumble

die **Brust** (–e) breast

der **Bube** (–n, –n) boy, lad

das **Buch** (–er) book

das **Bücherregal** (–e) book-shelf

der **Bücherschrank** (–e) book-case

der **Buchstabe** (–n, –n) letter [of
the alphabet]

das **Büfett'** (–s) sideboard

das **Bügeleisen** (—) pressing-iron

bügeln *tr.* iron; *beim Bügeln* while
ironing

die **Bühne** (–n) stage

das **Bukett'** (–e) bouquet

der **Bundesrat** Federal Council

die **Bundesregierung** (–en) Federal
Government

bunt *adj.* gay, bright, variegated;
in bunter Mütze in an official
cap; *es zu bunt treiben* carry a
thing too far

die **Burg** (–en) fortress, citadel

der Bürger (—) citizen
bürgerlich adj. of common birth, civilian, bourgeois
der Bürgermeister (—) burgomaster, mayor
der Bürgersteig (-e) sidewalk
die Bürgschaft (-en) pledge, security, bail

der Bursche (-n, -n) fellow, youngster, lad
bürsten tr. brush
der Busch (⸚e) bush
die Butter butter
das Butterbrot (-e) sandwich
die Buttersauce [ßooße] (-n) butter-sauce

C

das Café [kaffee'] (-s) café, coffeehouse
das Cello [tschello] (-s) [violin] cello
die Champag'nersauce [schampanjerßooße] (-n) champagnesauce
der Charak'ter [ch-k] (-e) character
der Chauffeur' [showfur] (-e) driver [of an automobile]
die Chemie' [ch-k] chemistry

der Chemiker [ch-k] (—) chemist
chemisch [ch-k] adj. chemical
die Cholera [ch-k] cholera
der Chor [ch-k] (⸚e) choir
der Choral' [ch-k] (⸚e) anthem, hymn
der Chorknabe [ch-k] (-n, -n) choir-boy
das and der Chronome'ter [ch-k] (—) chronometer
die Cousi'ne [kusine] (-n) female-cousin

D

da adv. there, at hand, here, then, at that moment; conj. since, because, as, inasmuch as
dabei' adv. with it, at it, at the same time, meanwhile, at that, thereupon; dabei sein be willing, agree
das Dach (⸚er) roof
dachte pret. of denken
dadurch' adv. by that, thereby
dafür' adv. for it, for that, in return; was kann er dafür? how can he help it?

dage'gen adv. against it, for that; on the contrary
daheim' adv. at home
daher' adv. from that place, along, up; hence, therefore
dahin' adv. thither, to that place, to it, thus far, till then; away, down, gone, over, past; along, on
dahin'ter adv. behind it
damals adv. then, at that time
die Dame (-n) lady
der Damenschuh (-e) woman's shoe

der Damenftiefel (—) woman's boot

damit' adv. with it, with them, therewith, thereupon; conj. in order that, so that

danach' adv. for that, for these; afterwards

dane'ben adv. close by, beside it

das Dänemark Denmark

der Dank thanks, reward

dankbar adj. grateful

danken intr. thank; ich danke no thank you; danke schön, danke bestens thank you ever so much; danke thanks; dankend with thanks

das Dankfagungsfest (-e) Thanksgiving

dann adv. then; dann und wann now and then

daran' adv. at it, on it, thereby

darauf' adv. on it, on them, about it, upon which, thereupon, afterwards

daraus' adv. of it, from it, from them

darein' adv. in it, into it

darf pres. of dürfen

darin' adv. therein, in it, in there

darnach' adv. after that, for it

darü'ber adv. over it, upon it, because of it, about it, of it, at that, thereupon

darum' adv. for that reason, therefore, on that account, that is why

darun'ter adv. underneath, under it, among them, from it, because of it

das neut. of der

daß conj. that, so that, in order that

der Dattelbaum (-e) date-tree

das Datum (Data or Daten) date

dauern intr. endure, last, consume, take

der Daumen (—) thumb

davon' adv. of it, of them, about it, from it, from them, from that; off, away; das kommt ja davon the cause of that is, of course; das kommt davon that's what comes

dazu' adv. for it, to it, to that, to them, in accompaniment, about it, with it, for that purpose, besides, to boot, into the bargain

dazwi'schen adv. between them, in the interval

die Decke (-n) cover, covering, ceiling; = Bettdecke coverlet, spread; = Tischdecke table-cloth

decken tr. cover, set [the table]

dein poss. pron. thy, thine, your

die Delikatef'fe (-n) delicacy, luxury, dainty

der Delikatef'fenhändler (—) delicatessen-dealer

das Delikatef'fengeschäft (-e) delicatessen [store]

der Delikatef'fenladen (-) delicatessen [store]

denken (dachte, gedacht) tr. and intr. think, intend; [w. an] think of; die man sich nur denken kann that you can possibly imagine; denken Sie nur! can you imagine it!

das Denkmal (-er) monument

denn *adv. and conj.* for, since, because; then, pray

der (die, das) *def. art.* the; *dem. pron.* this [one], that [one]; *pers. pron.* he, she, it; *rel. pron.* who, which, that; =derjenige, welcher he who; der ich Hoffmann heiße and my name is Hoffmann

deren *gen. pl. of* der of them, whose

derjenige (diejenige, dasjenige) *dem. pron.* that, he, she, it, the one

derselbe (dieselbe, dasselbe) *dem. pron.* the same, that, he, she, it

desertie'ren *intr.* desert

deshalb' *adv.* for that reason, on that account, therefore

dessen *gen. sg. of* der *and* welcher whose, his, its

deswegen *adv.* on that account, for that reason

deutlich *adj.* distinct, clear

deutsch *adj.* German; auf deutsch in German

der Deutsche (*decl. as adj.*) German

das Deutschland Germany

der Dezem'ber (—) December

der Diamant' (–en, –en) diamond

dicht *adj.* tight, close, thick, dense

dichten *tr.* compose, write

der Dichter (—) poet

die Dichtung (–en) poem

dick *adj.* thick, stout, plump, fat

der Dieb (–e) thief

dienen *intr.* serve; womit kann ich dienen? can I be of any service?

der Diener (—) servant

der Dienstag (–e) Tuesday

das Dienstbuch (–er) servant's book [containing dates of entering and leaving employment, as well as "characters" obtained]

das Dienstmädchen (—) servant-girl

dies this [uninfl. form used as absolute subj. of sentence, irrespective of number of verb]

dieser (diese, dieses) *dem. pron.* this, that, this one, that one, he, it, the latter

diesmal *adv.* this time

das Ding (–e) thing

die Diphtheri'tis diphtheria

dir *dat. of* du

direkt' *adj.* direct, straight

der Direk'tor (–s, –o'ren) director, manager [of an orchestra]

der Dirigent' (–en, –en) director

das Dirigen'tenpult (–e) director's desk

dirigie'ren *intr.* direct

die Disziplin' discipline

doch *conj.* still, yet, but, though, none the less, most certainly, yes, why!, after all, pray, to be sure, I suppose, just the same; nicht doch by no means; ich werde doch schon acht don't you know I'll be eight

der Doktor (–s, –o'ren) doctor

das Doktordiplom (–e) doctor's diploma

das Doktorexamen (–examina) doctor's examination

der Dom (–e) cathedral

die Donau [river] Danube

Don Juan [bohn huann'] [title of a well-known opera]

der Donner (—) thunder

donnern *intr.* thunder

der Donnerstag (-e) Thursday

donnerwetter *interj.* confound it! hang it! thunder!

die Doppelportion [t=ts] (-en) double portion

doppelt *adj.* double

das Dorf (-er) village

dort *adv.* there, over there, yonder

die Dofe (-n) box

Dr. *abbrev. of* Doktor

der Drache (-n, -n) dragon, kite; den Drachen steigen lassen fly kites

das Drama (Dramen) drama

drama'tisch *adj.* dramatic

dran *contr. of* baran

drauf *contr. of* barauf

draußen *adv.* out, without, out of doors, out there, outside

drehen *tr.* turn

die Drehorgel (-n) hand-organ

drei *num.* three

dreihundert *num.* three hundred

dreimal *adv.* three times; dreimal Suppe three portions of soup

das Dreimarkstück (-e) three-mark piece [$0.72]

die Dreipfennigmarke (-n) three-pfennig stamp

dreißig *num.* thirty

drin *contr. of* barin

drinnen *adv.* within, inside

dritt *num.* third

drittens *adv.* third, in the third place

droben *adv.* up there

die Droschke (-n) cab

der Droschkenkutscher (—) cab-driver

drüben *adv.* on that side, on the other side, over there, yonder; nach drüben over yonder

drüber *contr. of* barüber

drücken *tr.* press

drum *contr. of* barum; wir bitten brum if you will, please

du (beiner, bir, bich) *pers. pron.* you, thou

dumm (bümmer, am bümmsten) *adj.* stupid, silly

dunkel *adj.* dark

dunkelblau *adj.* dark blue

dunkelbraun *adj.* dark brown

die Dunkelkammer (-n) dark-room

dünn *adj.* thin

durch *prep. w. acc.* through, by, by means of, because of

durchaus' *adv.* quite, entirely, by all means; burchaus nicht by no means

die Durchlaucht' [serene] highness

durch'=machen *tr.* go through (school)

durchrei'sen *tr.* traverse, travel across

durchs *contr. of* burch bas

dürfen (ich barf, bu barfst, er barf, wir bürfen, ihr bürft, sie bürfen; burfte, geburft) *mod. aux.* be permitted, be allowed, dare, need, may, must

der Durst thirst

durstig *adj.* thirsty

das Dutzend (-e) dozen

Ç

Eau de Cologne [oh dekolon'je]
Cologne water

eben adj. even, level, smooth;
adv. exactly, just now, just the
same

ebenso adv. likewise, just as

echt adj. genuine

die Ecke (–n) corner

ehe conj. before

die Ehre (–n) glory, honor

ehrlich adj. honest

ei interj. oh! ah! well!; ei was! oh,
get out! oh, nonsense!

das Ei (–er) egg

eigen adj. own

eigentlich adv. exactly, really,
properly speaking, anyway

eilen intr. hasten; eile mit Weile
make haste slowly

ein adv. and sep. pref. in, into,
within

ein (eine, ein) indef. art. and num.
a, an, one; einer anyone, somebody; der eine one of them;
noch ein another; einen [Stoß]
mit dem Fuß geben kick

einander adv. one another, each
other

einfach adj. simple, plain

ein'=fallen (fällt, fiel, gefallen)
intr. sein occur to, be thinking
of, come into the mind

der Eingang (–e) entrance

eingeschrieben part adj. registered

einige [pl. of einiger which is rare-
ly used] indef. pron. and adj.
some, a few, several; in einiger
Entfernung at some distance;

noch einiges mehr and a few
other things

der Einjährige (decl. as adj.) one-
year soldier

ein'=laden (u, a) tr. invite

die Einladung (–en) invitation

ein'=läuten tr. proclaim, announce

einmal adv. once, one time; auf
ein'mal [all] at once, suddenly;
noch ein'mal once more, again;
nicht ein'mal not even; nun
ein'mal once and for all; schon
ein'mal once before this time;
so ist es nun ein'mal that's the
way it is [and that's all there
is to it]

einmal' adv. once, just for once,
once upon a time, sometime;
noch einmal' some day or other,
another time; sieh mich einmal'
an just take a good look at me;
komm einmal' her come here,
that's a good fellow

das Einmarkstück (–e) one-mark
piece [$0.24]

ein'=nehmen (nimmt, nahm, genommen) tr. take in, receive;
take down

ein'=packen tr. wrap up

die Einpfennigmarke (–n) one-
pfennig stamp

das Einpfennigstück (–e) one-pfen-
nig piece

eins num. one, one thing; eins
an die Ohren a box on the
ear

einsam adj. lonely, solitary

der Einsatz (–e) insertion

ein'-ſchlafen (ä, ie, a) intr. ſein go to sleep, fall asleep

ein'-ſchlagen (ä, u, a) tr. drive in

ein'-ſchreiben (ie, ie) tr. register

ein'-ſehen (ie, a, e) tr. perceive, recognize

einſt adv. once, one day, some day, formerly

ein'-ſteigen (ie, ie) intr. ſein get in, climb in, board; einſteigen! all aboard!

ein'-teilen tr. divide

ein'-tragen (ä, u, a) tr. register [at a hotel]

ein'-treten (tritt, trat, getreten) intr. ſein enter; er trat bei mir ein he entered my house

der Eintritt entrance, admission; beim Eintritt on entering

die Eintrittskarte (-n) ticket of admission

der Eintrittspreis (-e) admission-price

einunddreißig num. thirty-one

einundzwanzigſt num. twenty-first

der Einwohner (—) inhabitant

die Einzelheit (-en) detail

einzig adj. only, sole

das Eis ice

die Eisbahn (-en) skating-rink

das Eiſen (—) iron

die Eiſenbahn (-en) railroad

der Eiſenbahnzug (-̈e) railway-train

der Eismann (-leute) ice-man

der Eisſchrank (-̈e) ice-box, refrigerator

die Elbe [river] Elbe

der Elefant' (-en, -en) elephant

elegant' adj. elegant

elek'triſch adj. electric

die Elek'triſche (-n) trolley-car, electric-car

elf num. eleven

das Elſaß-Lothringen Alsace-Lorraine

die Eltern pl. parents

empfan'gen (ä, i, a) tr. receive

der Empfän'ger (—) receiver

empfind'lich adj. sensitive

empor' adv. up, aloft, above, on the surface

das Ende (-s, -n) end; zu Ende to a close, at an end, all gone, finished, through; am Ende finally

endlich adv. finally, at last; interj. sometime or other!

eng adj. narrow, close, tight, small

engagie'ren [anggazhieren] tr. engage

der Engel (—) angel

das England England

der Enkel (—) grandchild, grandson

die Enkelin (-nen) granddaughter

entde'cken tr. discover

die Entde'ckung (-en) discovery

die Ente (-n) duck

entfernt' adj. distant

entge'gen adv. towards, to, to meet

entge'gen-laufen (äu, ie, au) intr. ſein run to meet

entlang' postpositive adv. along

entſchlie'ßen (entſchloß, entſchloſſen) refl. make up one's mind

entſchul'digen tr. excuse; refl.

make excuses, apologize; ent=
fdjulbigen Sie excuse me

entwe'ber *conj.* either

entwi'deln *tr.* develop

bie Equipa'ge [ebfipazhe] (−n)
carriage

er (feiner, ibm, ibn) *pers. pron.* he,
it

er= *insep. pref.* out, forth, re-

bie Grbfen *pl.* peas

bie Grbe (−n) earth, world,
ground; auf Grben [old dat.
form] on earth

bas Grbgefdjoß (−ffe) ground-floor

erfab'ren (ä, u, a) *tr.* learn

erfin'ben (a, u) *tr.* invent

bie Grfin'bung (−en) invention

erfol'gen *intr.* fein ensue, take
place

erfrie'ren (o, o) *intr.* fein freeze

bie Grfri'fdjung (−en) refresh-
ment

erbal'ten (ä, ie, a) *tr.* receive, get

erbe'ben (o, o) *refl.* rise

erböbt' *part. adj.* raised, advanced

erbo'len *refl.* recuperate, get well

erin'nern *tr.* remind, put in mind
of

erfen'nen (erfannte, erfannt) *tr.*
recognize

erflä'ren *tr.* declare, explain

erlau'ben *tr.* permit, allow

erleudj'ten *tr.* illuminate

ber Grlfönig (−e) king of the elves

ernen'nen (ernannte, ernannt) *tr.*
appoint

ernft *adj.* serious

bas Grntefeft (−e) harvest-festival

ber Grntemonat (−e) harvest-
month

ernten *tr.* harvest

errei'djen *tr.* attain, reach

erfdjei'nen (ie, ie) *intr.* fein appear,
seem

erfdjre'den *tr.* terrify, scare

erft *num.* first; *adv.* only, for the
first time, not until; erft redjt
in good earnest; unb nun erft
gar and by no means to be for-
gotten is

erftaunt' *adj.* astonished

bas erftemal *adv.* for the first
time

erftens *adv.* in the first place

ertö'nen *intr.* resound, be heard

erwäh'len *tr.* elect

erwäh'nen *tr.* mention

erwar'ten *tr.* await, expect

erwei'fen (ie, ie) *refl.* prove, be
found, turn out

erwi'bern *intr.* answer, reply

erzäh'len *tr.* tell, relate, narrate

bie Grzie'bung education, bring-
ing-up

es (feiner, ibm, es) *pers. pron.* it,
so, something; es gibt there is,
there are

ber Gfel (−) donkey, ass

bas Gffen eating, food, viands;
meal, dinner

effen (ißt, aß, gegeffen) *tr.* eat

ber Gffig (−e) vinegar

ber Gßlöffel (−) tablespoon

ber Gßtifdj (−e) dining-table

bas Gßzimmer (−) dining-room

bie Gta'ge [ebtazhe] (−n) floor,
story

etwa *adv.* about, nearly, possibly,
perhaps, do you suppose

etwas *pron.* something, some-

what, some, anything, any;
fo etwas that sort of thing
euch *dat. and acc. of* ihr you
euer (eure, euer) *poss. pron.* your,
yours
das Euro'pa Europe
ewig *adj.* eternal, everlasting

exerzie'ren *intr.* exercise, march,
drill
der Exerzier'platz (-e) drill-ground,
parade-ground
das Export'geschäft (-e) export-
trade
extra *adj.* extra

F

der Fabrikant' (-en, -en) manu-
facturer
das Fach (-er) compartment,
drawer
der Fächer (—) fan
der Faden (-) thread, string
der Fahneneid military-oath [of
allegiance to the flag]
der Fahrdamm (-e) roadway,
carriage-road, thoroughfare
fahren (ä, u, a) *tr.* drive, conduct,
convey, carry; *intr.* fein ride,
travel, go, pass, sail; spazieren
fahren go out driving; fuhr damit in eine Schüssel thrust it
into a plate
der Fahrgast (-e) passenger
das Fahrgeld (-er) fare
der Fahringenieur [angzheniör]
(-e) navigating-engineer
die Fahrkarte (-n) railroad-ticket
die Fahrkartenausgabe (-n) ticket-
office
der Fahrpreis (-e) fare
der Fahrschein (-e) ticket
die Fahrt (-en) trip, journey,
ride
das Fahrzeug (-e) vehicle
die Fakultät' (-en) faculty

fallen (fällt, fiel, gefallen) *intr.* fein
fall, drop; fällt ihm um den Hals
falls on his neck
falsch *adj.* false
die Fami'lie (-n) family
das Fami'lienbild (-er) family-
portrait
das Fami'lienmitglied (-er) member of a family
der Fami'lienname (-ns, -n)
family-name
famos' *adj.* capital, fine, stun-
ning, "great"
fand *pret. of* finden
fangen (ä, i, a) *tr.* catch
der Farbentopf (-e) paint-pot
das Faß (Fässer) barrel, cask
fassen (faßte, gefaßt) *tr.* grasp,
seize; da faßte er Mut then he
took courage
fast *adv.* almost
faul *adj.* lazy
Faust [title of Goethe's most famous drama]
der Februar (-e) February
die Feder (-n) feather, pen; [steel]
spring
der Federhalter (—) pen-holder
der Federkasten (—) pen-box

fegen *tr. and intr.* sweep; beim
 Fegen while sweeping
fehlen *intr.* miss, be missing, be
 absent, be wanting, be the
 matter with, ail, fail, lack
der Fehler (—) fault, mistake
feiern *tr.* celebrate
der Feiertag (-e) holiday
der Feigenbaum (-e) fig-tree
fein *adj.* fine, delicate, graceful,
 charming, beautiful
der Feind (-e) enemy, foe
das Feld (-er) field, battle-field
das Fenster (—) window
die Fensterscheibe (-n) window-
 pane
die Ferien *pl.* vacation, holi-
 days
fern *adj.* far, distant; schon von
 fern while still far away
die Ferne (-n) distance
das Fernrohr (-e) telescope
fertig *adj.* finished, ready, ready-
 made; done, through
fest *adj.* fast, firm, set, fixed, solid;
 auf festem Boden on terra firma
das Festessen banquet, festival-
 meal
der Festtag (-e) red-letter day,
 day of rejoicing
die Festung (-en) fortress, mili-
 tary-prison
fett *adj.* fat
feucht *adj.* damp, wet
das Feuer (—) fire, signal-light
feuersicher *adj.* fire-proof
die Feuerspritze (-n) fire-engine
das Feuerwehramt (-er) fire-de-
 partment
fiel ein *pret. of* einfallen

finden (a, u) *tr.* find, discover; believe
fing an *pret. of* anfangen
der Finger (—) finger
die Fingerübung (-en) five-finger
 exercise
finster *adj.* dark, gloomy, sullen
der Fips (-e) whipper-snapper
die Firma (Firmen) firm
der Fisch (-e) fish
der Fischer (—) fisher
das Fischessen eating fish
die Flasche (-n) bottle
das Fleisch meat, flesh
der Fleischer (—) butcher
der Fleischerladen (-) butcher-
 shop
die Fleischspeise (-n) meat-dish
die Fleischsuppe (-n) gravy-soup,
 broth, bouillon
fleißig *adj.* diligent, industrious
der Flicken (—) patch
die Fliege (-n) fly
fliegen (o, o) *intr.* sein fly
fliehen (o, o) *intr.* sein flee
fließen (floß, geflossen) *intr.* sein
 flow
flog *pret. of* fliegen
floh *pret. of* fliehen
floß *pret. of* fließen
die Flöte (-n) flute
der Fluch (-e) curse
der Flügel (—) wing
die Flügeltür (-en) folding-door
der Fluß (Flüsse) river
flüstern *intr.* whisper
die Folge (-n) consequence, re-
 sult
folgen *intr. w. dat.* sein follow
fordern *tr.* demand

fort *adv.* forth, on, along, away, gone

fort'-fahren (ä, u, a) *intr.* sein continue

fort'-fliegen (o, o) *intr.* sein fly away

fort'-gehen (ging, gegangen) *intr.* sein depart, leave, go away

fort'-laufen (äu, ie, au) *intr.* sein run away [from]

das Foyer' [fuajeh] (-s) lobby

der Frack (-s or -e) dress-coat

die Frage (-n) question

fragen *tr.* ask, question, inquire; nach etwas fragen care for something

das Frankfurt a. M. Frankfurt on the [river] Main

das Frankreich France

der Franzo'se (-n, -n) Frenchman

franzö'sisch *adj.* French

die Frau (-en) woman, wife; Mrs.

die Frauenrechtlerin (-nen) suffragette

das Fräulein (—) young lady; Miss

frech *adj.* insolent, impudent

frei *adj.* free, open, unoccupied, leisure; *adv.* willingly

das Freie (*decl. as adj.*) open air, out of doors

freilich *adv.* to be sure, of course

der Freischütz (-en, -en) marksman, sharp-shooter

der Freitag (-e) Friday

fremd *adj.* strange, foreign

der Fremde (*decl. as adj.*) stranger

fressen (frißt, fraß, gefressen) *tr.* eat [as of animals], devour

die Freude (-n) joy, pleasure, happiness; daß es eine Freude ist so that it's a joy to behold

freudig *adj.* joyful

freuen *tr. and refl.* give joy, gladden, be glad, rejoice

der Freund (-e) friend

freundlich *adj.* friendly, kind, pleasant

der Friede(n) (-ns, -n) peace

frieren (o, o) *intr.* be cold, freeze

frisch *adj.* fresh, green, cool, gay, merry

der Friseur' [ör] (-e) hair-dresser, barber

frißt *3d sg. pres. of* fressen

froh *adj.* happy, glad

fröhlich *adj.* cheerful, happy; fröhliche Weihnachten! merry Christmas!

die Frucht (-e) fruit

der Fruchtladen (-) fruit-store

früh *adj.* early, young; heute früh early this morning

früher *adj.* earlier; *adv.* formerly

das Frühjahr spring

der Frühjahrsanzug (-e) spring-suit

der Frühling (-e) springtime

der Frühlingsanfang (-e) beginning of spring

das Frühlingsende (-s, -n) end of spring

das Frühlingslied (-er) spring-song

das Frühstück (-e) breakfast; zweites Frühstück early luncheon

der Frühstückstisch (-e) breakfast-table

der Fuchs (-e) fox

fühlen *tr. and refl.* feel; zum Fühlen for feeling, to feel with

fuhr *pret.* of fahren

führen *tr.* lead, conduct, guide, carry, wear, bear; carry in stock, deal in

der Führer (—) guide, director, conductor; driver, steersman; motorman

die Führergondel (–n) directing-car

das Fuhrwerk vehicles

füllen *tr.* fill; gefüllte Ente stuffed duck

fünf *num.* five

der Fünfhundertmarkschein (–e) five-hundred-mark banknote [$120]

der Fünfmarkschein (–e) five-mark banknote

das Fünfmarkstück (–e) five-mark piece [$1.20]

die Fünfpfennigmarke (–n) five-pfennig stamp

fünfundsechzig *num.* sixty-five

fünfzig *num.* fifty

der Fünfzigmarkschein (–e) fifty-mark banknote [$12]

für *prep. w. acc.* for, in return for, instead of; für sich to himself; für zehn Pfennig two cents' worth

furchtbar *adj.* fearful, awful

fürchten *tr. and refl.* fear, be afraid [of]

fürchterlich *adj.* awful, terrible, horrible

der Fürst (–en, –en) prince, ruler

das Fürstentum (–er) principality

das Fürwort (–er) pronoun

der Fuß (–e) foot, base; zu Fuß gehen walk; mit Füßen treten trample on, kick

der Fußboden (–) floor

der Fußgänger (—) pedestrian, passer-by

das Fußzeug footwear

das Futter (—) lining

füttern *tr.* feed; line [a garment]

G

gab *pret.* of geben; es gab [w. obj. in the acc.] there was, there were

die Gabel (–n) fork

die Galerie' (–i'en) gallery, balcony

der Galopp' gallop

der Gang (–e) course [of a dinner]

die Gans (–e) goose

ganz *adj.* whole, entire; *adv.* quite, very, extremely, wholly; ganz und gar utterly; im ganzen altogether, in all, on the whole; ganz oben way upstairs

gar *adv.* fully, quite, entirely, very, even, at all; nun gar in addition, into the bargain; gar kein not a single, no . . . at all; gar nicht not at all; gar nichts nothing at all

die Gardi'ne (–n) curtain, lace-curtain

garſtig *adj.* disagreeable, nasty

ber **Garten** (⁻) garden

bie **Gartentür** (-en) garden-gate

bie **Gasbeleuchtung** gas-lighting

ber **Gaſt** (⁻e) guest

bie **Gaszelle** (-n) gas-compartment

gebä'ren (ie, a, o) bear, give birth to

bas **Gebäu'be** (—) building

geben (i, a, e) *tr.* give, be; es gibt there is, there are; es gab there was, there were

bas **Gebet'** (-e) prayer

gebe'ten *pp. of* bitten

bas **Gebir'ge** (—) mountain-range, mountains

geblie'ben *pp. of* bleiben

gebo'ren *pp. of* gebären born

gebracht' *pp. of* bringen

gebrau'chen *tr.* use, make use of; gebrauche einmal beine Serviette use your napkin, will you?

gebro'chen *pp. of* brechen

bie **Geburt'** (-en) birth

ber **Geburts'tag** (-e) birthday

bas **Geburts'tagseſſen** birthday-dinner

bas **Geburts'tagsgeſchenk** (-e) birthday-present

bas **Geburts'tagskind** (-er) birthday-child

ber **Geburts'tagskuchen** (—) birthday-cake

ber **Geburts'tagskuß** (-küſſe) birthday-kiss

ber **Geburts'tagstiſch** (-e) birthday-table

gebacht' *pp. of* benken

ber **Gebanke** (-ns, -n) thought

bas **Gebicht'** (-e) poem

gefähr'lich *adj.* dangerous

gefal'len (gefällt, gefiel, gefallen) *intr.* please, like

gefäl'lig *adj.* according to one's pleasure; zwei Liter gefällig? do you want two quarts?

geflo'gen *pp. of* fliehen

gefrie'ren (o, o) *intr.* ſein freeze

gefun'ben *pp. of* finden

gegan'gen *pp. of* gehen

gegen *prep. w. acc.* against, to, for, towards; compared with

bie **Gegenb** (-en) district, region

gegenü'ber *prep. w. dat.* [following its noun] across from, opposite to

gegeſ'ſen *pp. of* eſſen

ber **Gehalt'** (-e) pay, salary, wages; *also* bas **Gehalt'** (⁻er)

bas **Gehäu'ſe** (—) case

geheim' *adj.* secret

bas **Geheim'nis** (-ſe) secret, mystery

gehen (ging, gegangen) *intr.* ſein go, walk, leave, travel, fare, turn out, prosper; es geht nicht it isn't right; es geht nicht mehr it won't work any longer; er geht an bie Arbeit he sets to work; wie geht's? how are you getting along?; hoch gehen go up

gehol'fen *pp. of* helfen

gehor'chen *intr. w. dat.* obey

gehö'ren *intr. w. dat.* belong; wie es ſich gehört as is proper

gehö'rig *adv.* duly, fitly; with a vengeance

ber **Gehrock** (⁻e) frock-coat

ber **Geiſt** (-er) spirit, mind, ghost

gelannt' *pp. of* kennen

das Geläch'ter burst [roar *or* shout] of laughter

gelb *adj.* yellow

das Geld (-er) money

das Geldstück (-e) coin, piece of money

der Geldwechsler (—) money-changer

das Gelee' [zhelēh] (-e'en *or* -s) jelly

gele'gen *pp. of* liegen

die Gele'genheit (-en) opportunity, chance

gelehrt' *adj.* learned

gelei'ten *tr.* conduct, accompany

gelin'gen (a, u) *intr. w. dat.* sein succeed, be successful

der Gemahl' (-e) consort, husband

gemein' *adj.* common, ordinary, everyday, vulgar

die Gemein'de (-n) congregation

der Gemei'ne (*decl. as adj.*) private [soldier]

das Gemü'se vegetables

der Gemü'segarten (-) vegetable-garden, truck-garden

die Gemü'seschüffel (-n) vegetable-dish

genannt' *part. adj.* mentioned, spoken of

genau' *adj.* exact, close, distinct

der General' (-e) general

genom'men *pp. of* nehmen

genug' *adj.* enough, sufficient

genü'gen *intr. w. dat.* suffice, be sufficient

genuß'reich *adj.* enjoyable

die Geographie' (-i'en) geography

das Gepäck' luggage, baggage

der Gepäck'träger (—) luggage-carrier, porter

der Gepäck'wagen (—) baggage-car, luggage-van

gepol'stert *adj.* upholstered

gera'de *adj.* straight, direct, upright; *adv.* directly, just, just then, straightway; geradeaus straight ahead, right on

das Gera'nium (-s, Geranien) geranium

das Geräusch' (-e) sound, noise

das Gericht' (-e) dish

das Gerip'pe (—) skeleton

gern (lieber, am liebsten) *adv.* willingly, with pleasure; gern haben like, be fond of

gesagt' *pp. of* sagen; wie gesagt as I've already said

der Gesand'te (*decl. as adj.*) ambassador

der Gesang' (-e) song, singing

das Gesang'buch (-er) song-book, hymn-book

der Gesang'verein (-e) singing-society

das Geschäft' (-e) business-house

die Geschäfts'anzeige (-n) business-notice

der Geschäfts'blick eye for business [success]

das Geschäfts'haus (-er) business-house

der Geschäfts'mann (-leute) business-man

die Geschäfts'nachricht (-en) news of the business-world

geschehen (ie, a, e) *intr.* sein happen, take place, pass off, go on; es ist um mich geschehen it's all over with me

das Geschenk' (-e) present, gift

die Geschich'te (-n) story, history, tale

geschickt' adj. skilful, clever

das Geschirr' plates and dishes, pots and pans

das Geschirr'waschen dish-washing

geschlof'sen pp. of schließen

geschnit'ten pp. of schneiden

geschrie'ben pp. of schreiben

geschri'en pp. of schreien

geschwind' adj. quick, fast

geseg'net part. adj. blessed; [ich wünsche Ihnen eine] gesegnete Mahlzeit I hope you've enjoyed your dinner

der Gesel'le (-n, -n) fellow-comrade, journeyman

die Gesell'schaft (-en) company, society

das Gesetz' (-e) law

das Gesicht' (-er) face

gespannt' adj. curious, wrought up

gespro'chen pp. of sprechen

die Gestalt' (-en) form, figure

gestern adv. yesterday

gestie'gen pp. of steigen

gestoh'len pp. of stehlen

gestor'ben pp. of sterben

gestreift' adj. striped

gesucht' part. adj. sought for; [advertisement] wanted

gesund' adj. healthy, well, strong

getan' pp. of tun

getra'gen part. adj. worn

getrie'ben pp. of treiben

getrof'fen pp. of treffen; gut getroffen well hit; a good likeness

getrun'ken pp. of trinken

das Gewächs' (-e) plant, growth

das Gewächs'haus (-er) greenhouse, hot-house, conservatory

gewal'tig adj. powerful, immense, strong, compelling, violent

gewandt' pp. of wenden

das Gewehr' (-e) gun

gewe'sen pp. of sein

das Gewicht' (-e) weight

gewin'nen (a, o) intr. win

gewiß' adj. certain, sure; adv. of course

das Gewit'ter (—) thunder-storm

gewöhn'lich adj. usual, ordinary, customary

gewor'ben pp. of werben

gewor'fen pp. of werfen

gewun'den pp. of winden

das Gewünsch'te (decl. as adj.) what is desired

gezo'gen pp. of ziehen

gibt 3d sg. pres. of geben; es gibt [w. obj. in the acc.] there is, there are

gießen (goß, gegossen) tr. and intr. pour

die Gießkanne (-n) watering-pot

ging pret. of gehen

das Gitter (—) trellis, lattice, railing

der Glacéhandschuh [glasseh'] (-e) kid-glove

der Glanz radiance, splendor

glänzen intr. shine, glisten

das Glas (-er) glass

der Glaser (—) glazier

der **Glaserdiamant** (–en, –en) glazier's diamond

der **Glasermeister** (—) master-glazier

das **Gläsertuch** (–er) glass-towel

glatt adj. smooth, slippery

der **Glaube** faith, belief, trust

glauben tr. believe, think; nicht zu glauben incredible; ich glaube I guess so

gleich adj. same, equal, like; adv. =sogleich immediately, right away.

gleiten (glitt, geglitten) intr. sein glide, slip

die **Glocke** (–n) bell

das **Glück** luck, fortune, happiness; zum Glück fortunately; es ist ein Glück it is a good thing

glücklich adj. happy, lucky, fortunate

der **Glückwunsch** (–e) congratulation, [best] wishes

gnädig adj. gracious; gnädige Frau madame; gnädiges Fräulein mademoiselle; my dear young lady

der **Gobelin'** [lang] (–s) tapestry

das **Gold** gold

golden adj. gold, gilt, golden

der **Goldfisch** (–e) gold-fish

die **Gondel** (–n) car [of a balloon]

goß pret. of gießen

der **Gott** (–er) god, God

der **Gottesdienst** divine-worship, service

graben (ä, u, a) tr. dig

der **Graf** (–en, –en) count

die **Gräfin** (–nen) countess

das **Gramm** (–e) gram

die **Gramma'tik** (–en) grammar

das **Gras** (–er) grass

die **Gräte** (–n) fish-bone

die **Gratulation'** [ti=tſi] (–en) congratulations

gratulie'ren intr. w. dat. congratulate, offer good wishes

grau adj. gray

greifen (griff, gegriffen) tr. grasp, seize, lay hold of; [w. zu or nach] reach for

grell adj. shrill, sharp; glaring, dazzling

der **Grenadier'** (–e) grenadier

die **Grenze** (–n) border, boundary, limit

griechisch adj. Greek

griff pret. of greifen

grob adj. coarse, rough, rude

groß (größer, am größten) adj. great, big, large, tall

der **Großherzog** (–e) grand-duke

das **Großherzogtum** (–er) grand-duchy

der **Großkaufmann** (–leute) wholesale-merchant

die **Großmutter** (–) grandmother

die **Großstadtluft** air of the metropolis

der **Großvater** (–) grandfather

grub pret. of graben

grün adj. green

der **Grund** (–e) ground, soil, bottom; motive, reason, cause

grüßen tr. and intr. greet, bow, nod

der **Gummischuh** (–e) rubber, overshoe

günstig adj. favorable

gut (beſſer, am beſten) *adj.* good;
adv. well; das gute Zimmer
best room, parlor
die Güte kindness; wollen Sie die
Güte haben? will you be good
enough?

die Güter *neut. pl.* goods
der Güterzug (-e) freight-train
der Gymnaſiaſt' (-en, -en) high-
school student
das Gymna'ſium (-s, Gymnaſien)
gymnasium, high-school

ֆ

das Haar (-e) hair; *pl.* locks,
braids
die Haarbürſte (-n) hair-brush
das Haarſchneiden hair-cut[ting]
haben (ich habe, du haſt, er hat, wir
haben, ihr habt, ſie haben; hatte,
gehabt) *tr.* have, possess, hold;
gern haben like, be fond of; zum
beſten haben make fun of; was
hat er? what ails him?
das Hagelkorn (-er) hailstone
hageln *intr.* hail
der Hahn (-e) rooster
der Haken (—) hook
halb *adj.* half, half over; *adv.*
by halves; eine halbe Stunde
half an hour
halbſeiden *adj.* half-silk
die Halbwolle half-wool
halbwollen *adj.* half-woolen
half *pret. of* helfen
die Halle (-n) hall
der Hals (-e) neck, throat
die Halsbinde (-n) necktie, cravat
die Halsſchmerzen *pl.* sore-throat
halt *interj.* hold on! wait!
halten (ä, ie, a) *tr. and intr.* hold,
have, last; keep, restrain,
stop; eine Tiſchrede halten make
a speech

die Halteſtelle (-n) halting-place,
station
das Hammelfleiſch mutton
der Hammer (-) hammer
die Hand (-e) hand; mit vollen
Händen by the handful
die Handarbeit (-en) fancy-work,
needle-work
die Handelsſtadt (-e) commercial
city
das Handgepäck hand-baggage
der Handſchlag (-e) hand-clasp
der Handſchuh (-e) glove
der Handſchuhladen (-) glove-
store
das Handtuch (-er) towel
der Handtuchhalter (—) towel-
rack
das Handwerk (-e) trade
der Handwerker (—) mechanic,
workman
das Handwerkzeug tools, imple-
ments
die Hängelampe (-n) hanging-
lamp
hängen (i, a) *intr.* hang [down]
die Harke (-n) rake
harken *tr.* rake
hart (härter, am härteſten) *adj.*
hard, severe

hat 3d sg. pres. of haben

häufig adj. frequent

das Haupt (-er) head; poetic for der Kopf

der Hauptmann (-leute) captain [in the army]

die Hauptsache (-n) main thing

das Haus (-er) house; zu Hause at home; nach Hause homewards, home

die Hausflur (-e) vestibule

die Hausfrau (-en) housewife

das Hausgerät household-goods, furniture

der Hausherr (-n, -en) master of the house, host

der Hausknecht (-e) house-servant

das Haustier (-e) domestic animal

die Haustür (-en) front-door, entrance

der Hausvater (-) father of the family, head of the house

die Haut (-e) skin, hide; bis auf die Haut clear to the skin

heben (o, o) tr. lift, raise; refl. rise

das Heer (-e) host, army

das Heft (-e) copy-book, writing-book

heftig adj. violent

heilig adj. holy, worshipful

heim adv. homewards; —heim'- gehen go home

die Heimat (-en) home

heimlich adj. secret; homelike, cozy

die Heirat (-en) marriage

heiraten tr. marry

heiß adj. hot, inflamed

heißen (ie, ei) tr. call, name, bid, mean; intr. be, be called, be named; das heißt that is to say; wie sie alle heißen all the rest of them; es hieß the word was passed around

heiter adj. clear, serene

heizen tr. heat

helfen (i, a, o) intr. w. dat. help, be of avail, assist

hell adj. clear, bright, light; distinct, loud

hellblau adj. light blue

der Helm (-e) helmet

das Hemd (-es, -en) shirt

her adv. [towards the speaker or the speaker's point of view] here, hither

herab' adv. down

heran' adv. up, along, near

herauf' adv. up, to the surface

heraus' adv. out, forth

herbei' adv. hither, here, along, up

der Herbst (-e) autumn

der Herbstanzug (-e) fall-suit

das Herbstende (-s, -n) end of autumn

das Herbstkostüm (-e) autumn-dress, fall-suit

herein' adv. in, into; come in!

her'-gehen (ging, gegangen) intr. sein proceed; da soll es ja furchtbar hergehen they say they are carrying on something awful

hernie'der adv. down

der Herr (-n, -en) gentleman, lord, Lord; Mr.; sir

die Herrin (-nen) mistress

der Herrenschuh (-e) man's shoe

der Herrenstiefel (—) man's boot

herrlich *adj.* splendid, delightful; etwas Herrliches a splendid thing

die Herrschaft (-en) employers, mistress of the house

her'-sagen *tr.* recite

herü'ber *adv.* across

herum' *adv.* round, around, about

herum'-reichen *tr.* pass around, distribute

herum'-schnüffeln *intr.* pry around, smell about

herun'ter *adv.* down

hervor' *adv.* forth, out

das Herz (-ens, -en, -en) heart, soul; sich ein Herz fassen pluck up courage; sein Herz lachte ihm in der Brust his heart leaped for joy

herzlich *adj.* hearty, cordial

der Herzog (-e) duke

das Herzogtum (-er) duchy

das Heu hay

heute *adv.* to-day; heute morgen this morning; heute abend to-night; noch heute to this very day

heutzutage *adv.* nowadays; diese Väter von heutzutage these modern fathers

hielt *pret. of* halten

hier *adv.* here; [beginning a telephone-conversation] this is

hieß *pret. of* heißen

die Hilfe help, aid, assistance

hilft *3d sg. pres. of* helfen

der Himmel (—) heaven, sky

hin *adv.* [away from the speaker or the speaker's point of view]

there, thither, away, down, along; gone, lost; hin und her up and down, to and fro; hin und wieder now and then

hinab' *adv.* down, below

hinan' *adv.* up [there]

hinauf' *adv.* up, above, on high

hinauf'-führen *tr.* lead up

hinaus' *adv.* out, forth, beyond, past

hinaus'-gehen (ging, gegangen) *intr.* sein go out; beim Hinausgehen on the way out

hindurch' *adv.* through

hinein' *adv.* in, in it, into; -hinein'gehen enter

hing *pret. of* hängen

hin'-gehen (ging, gegangen) *intr.* sein go there, attend

hin'-legen *tr.* lay down, place

hinten *adv.* behind, after, in the rear; hinten im Hause in the rear of the house

hinter *prep. w. dat. and acc.* behind

hinter *adj.* rear, back

hintereinan'der *adv.* one after the other, in succession

der Hintergarten (-) rear-garden

der Hinterkopf (-e) back of the head

die Hintertür (-en) back-door

hinü'ber *adv.* over, across

hinun'ter *adv.* down [there], downstairs

hinweg' *adv.* away, off

hinzu' *adv.* up [to], on [to], besides, in addition, nearer

hm *interj.* hum! mmm!

hob *pret. of* heben

der Hobel (—) plane
hobeln *tr.* plane
die Hoboe (–n) oboe
hoch [when inflected hoh–] (höher,
am höchsten) *adj.* high, lofty,
tall; *adv.* highly, greatly
die Hochbahn (–en) elevated-road
hochgeboren *adj.* high-born, right
honorable
die Hochschule (–n) college, aca-
demy, university
höchst *superl. of* hoch *adj.* highest,
greatest; *adv.* extremely, exceedingly
hochwohl'geboren *adj.* high and
noble, honorable
der Hof (–e) court, yard, farm
hoffen *tr. and intr.* hope, hope for
hoffentlich *adv.* let us hope, I
hope
die Hoffnung (–en) hope
höflich *adj.* polite, courteous
die Hoheit (–en) highness
höher *compar. of* hoch
hold *adj.* lovely, charming
holen *tr.* get, fetch, bring, go
and get
Holle [Dame Hulda, a kindly
goddess who interests herself
in the domestic affairs of good
people]

das Holz (–er) wood
der Honig honey
horch *interj.* listen!
hören *tr. and intr.* hear, listen to;
höre nur just listen
das Hörrohr (–e) receiver [of a
telephone]
das Horn (–er) horn
der Hörsaal (–säle) auditorium,
lecture-room
die Hose (–n) trousers
der Hosenträger (—) suspenders
das Hotel' (–s) hotel
hübsch *adj.* pretty, nice
der Hummer (–s, –n) lobster
der Hund (–e) dog
hundert *num.* hundred
der Hundertmarkschein (–e) hun-
dred-mark banknote [$24]
der Hunger hunger
hungrig *adj.* hungry
das Hürdlerennen [le–eI] steeple-
chase, hurdle-race
hurra' *interj.* hurrah!
der Husa'renritt ride of the hus-
sars
der *and* das Hustenbonbon [bong-
bong] (–s) cough-drop
der Hut (–e) hat
die Hyazin'the (–n) hyacinth
die Hymne (–n) hymn

I

ich (meiner, mir, mich) *pers. pron.* I
ihm *dat. of* er *and* es
ihn *acc. of* er
ihnen *dat. of* sie they
Ihnen *dat. of* Sie you
ihr *dat. of* sie she

ihr (euer, euch, euch) *pers. pron.* ye,
you
ihr (ihre, ihr) *poss. pron.* her, hers,
its, their
Ihr (Ihre, Ihr) *poss. pron.* your,
yours

ihrer *gen. of* fie she, they

Ihrer *gen. of* Sie you

im *contr. of* in bem

immatrikulie'ren *intr.* matriculate, enter

immer *adv.* always, ever, just; [with verbs immer is often best rendered by *keep*] er ging immer he kept going

in *prep. w. dat. and acc.* in, into

inbem' *conj.* while, because, as; [adverbial clauses introduced by inbem are often best rendered by participial phrases]

inbef'fen *adv.* in the meantime, meanwhile

ber Inbia'ner (—) Indian

ber Ingenieur' [angzheniör] (–e) engineer

innen *adv.* within

bas Innere (*decl. as adj.*) interior

ins *contr. of* in bas

bas Inferat' (–e) advertisement

infpizie'ren *tr.* inspect, oversee

intereffant' *adj.* interesting; viel Intereffantes many interesting things

inzwi'fchen *adv.* in the meanwhile

irgenb *adv.* some, any; irgenb etwas anything [whatever], something [or other]; auf irgenb eine Weife in some way or other

irgenbwo *adv.* somewhere or other

ißt *3d sg. pres. of* effen

ift *3d sg. pres. of* fein; was ift Ihnen? what's the matter with you?

I

ja *adv.* yes; *postpositive* indeed, surely, why!, you see, you know, I tell you

bas Jadett' (–e) cutaway [coat]

bas Jahr (–e) year; vor einem Jahre a year ago, a year before

bie Jahreszeit (–en) season

ber Januar (–e) January

jawohl' *adv.* yes indeed, of course, surely

je *adv.* ever, just, each, apiece; [with comparatives] the; je fchneller . . . je fchneller the faster . . . the faster; je noch ein each of them another

jeber (jebe, jebes) *indef. pron.* each, every; ein jeber each one

jebermann *pron.* everybody, everyone

jebesmal *adv.* each time

jeboch' *adv.* however

jemanb *pron.* someone, somebody, anybody

jener (jene, jenes) *dem. pron.* that, this

jetzt *adv.* now

jung (jünger, am jüngften) *adj.* young

ber Junge (–n, –n) lad, youngster, youth

ber Juni (–s) June

bie Jurisprubenz' jurisprudence, theory of the law

ber Jurift' (–en, –en) jurist, lawyer

jurif'tifch *adj.* juristic, legal

$\Re$

die Kabi'ne (–n) cabin

der Kadett' (–en, –en) [military] cadet

die Kadet'tenschule (–n) military-school

der Kaffee (–8) coffee

der Kahn (⸗e) boat, rowboat, canoe

der Kaiser (—) emperor

kaiserlich adj. imperial

die Kaiserstraße Emperor Street

das Kalb (⸗er) calf

das Kalbfleisch veal

der Kalbsbraten roast-veal

kalt (kälter, am kältesten) adj. cold

kam pret. of kommen

das Kamel' (–e) camel

der Kamerad' (–en, –en) comrade

der Kamil'lentee camomile-tea

der Kamm (⸗e) comb

kämmen tr. comb

die Kammer (–n) chamber, room

die Kammermusik chamber-music

der Kampf (⸗e) fight, struggle

kann pres. of können; kann sein maybe, perhaps

kannte pret. of kennen

die Kanzel (–n) chancel, pulpit

die Kapel'le (–n) band

der Kapell'meister (—) band-master

die Kappe (–n) cap

der Karnevalmonat (–e) carnival-month

karriert' adj. checked, checkered; fein karriert with a small check

die Karte (–n) card, playing-card

die Kartof'fel (–n) potato

die Kartof'felschüssel (–n) potato-dish

der Käse (—) cheese

die Kassan'dra Cassandra [a prophetess, daughter of Priam and Hecuba]

die Kaser'ne (–n) barracks

die Kasse (–n) ticket-office

der Kassie'rer (—) cashier, ticket-seller

der and das Kathe'der (—) lecturer's platform

katho'lisch adj. Catholic

die Katze (–n) cat

die Katzenmusik caterwauling

kaufen tr. buy, purchase

der Käufer (—) purchaser

der Kaufladen (⸗) store

der Kaufmann (–leute) merchant

kaum adv. scarcely, hardly

der Kavalier' [v=w] (–e) cavalier

die Kavallerie' [v=w] cavalry

der Kaviar [v=w] caviar, sturgeon-roe

die Kegelbahn (–en) bowling-alley

kein (keine, kein) indef. pron. and adj. no, not any; keiner no one, nobody, neither, none, not one

die Kelle (–n) trowel

der Keller (—) cellar

der Kellner (—) waiter

kennen (kannte, gekannt) tr. know, be acquainted with; =erkennen recognize, tell

der Kerl (–e) fellow

das and der Kilometer (—) kilometer [about ⅝ mile]

das Kind (–er) child

die Kindergesellschaft (-en) children's party
der Kinderschuh (-e) child's shoe
der Kinderstiefel (—) child's boot
das Kinn (-e) chin
die Kirche (-n) church
die Kirchenglocke (-n) church-bell
die Kirchenmusik church-music
die Kirchenorgel (-n) church-organ
das Kirchenschiff (-e) church-nave
der Kirchenstuhl (¨-e) pew
der Kirchturm (¨-e) church-tower
die Kirsche (-n) cherry
die Kiste (-n) chest, box
klagen tr. and intr. complain, bewail
klar adj. clear, evident
die Klasse (-n) class
der Klassenlehrer (—) class-teacher
der Klassiker (—) classic-author
klassisch adj. classic
klatschen intr. clap, patter, gossip, chat; er klatschte in die Hände he clapped his hands
das Klavier' [v=w] (-e) piano
der Klavier'lehrer [v=w] (—) piano-teacher
das Kleid (-er) dress, garment, clothing; pl. clothes
kleiden tr. clothe
die Kleiderbürste (-n) clothes-brush
der Kleiderschrank (¨-e) clothes-press, wardrobe
der Kleiderstoff (-e) dress-material
klein adj. small, little; im kleinen in small quantities, retail
der Kleine (decl. as adj.) child, little one, youngster

das Kleingeld (-er) small money, change
der Klempner (—) tin-smith, plumber
der Klempnermeister (—) master-tinsmith
klettern intr. fein climb
die Kletterstange (-n) climbing-pole
der Klient' (-en, -en) client
die Klingel (-n) bell
der Klingelbeutel (—) bell-purse, contribution-box
klingeln intr. ring; es klingelt the bell is ringing
klingen (a, u) intr. ring, sound
der Klub (-s) club
klug (klüger, am klügsten) adj. sensible, wise, clever
der Knabe (-n, -n) boy
knacken tr. crack
das Knie (Knie) knee
der Knirps (-e) infant
der Knopf (¨-e) button
kochen tr. cook, boil, brew; gekochte Eier boiled eggs; beim Kochen with the cooking
die Köchin (-nen) cook
der Kochofen (¨-) cooking-range, cook-stove
der Kochtopf (¨-e) kitchen-pot, kettle
der Koffer (—) trunk
der Kohl cabbage
die Kohle (-n) coal
der Kohlenwagen (—) tender [of a locomotive]
der Kolle'ge (-n, -n) colleague, fellow-teacher
kollektie'ren tr. collect

das Köln [city of] Cologne

der Koloß' (Kolosse) colossus, monster, giant

komisch adj. comic, funny; etwas Komisches something funny

der Kommandant' (-en, -en) commandant

kommen (kam, gekommen) intr. sein come; komm einmal her come here a minute

die Kompanie' (-i'en) company

kompetent' adj. competent

komponie'ren tr. compose, set to music

die Konditorei' (-en) confectioner's shop

der König (-e) king

die Königin (-nen) queen

königlich adj. royal

das Königreich (-e) kingdom

die Konkurrenz' competition; Konkurrenz machen compete with

können (ich kann, du kannst, er kann, wir können, ihr könnt, sie können; konnte, gekonnt) mod. aux. can, may, be able to; know

die Konsultation' [ti-tsi] (-en) consultation

der Kontrolleur' [ör] (-s) auditor

kontrollie'ren tr. audit, check up

das Konzert'haus (-er) music-hall

die Konzert'musik concert-music

der Konzert'saal (-säle) concert-hall

der Kopf (-e) head

das Kopfkissen (—) pillow, cushion

das Kopfnicken nod (of the head)

die Kopfschmerzen pl. headache

das Kopfwasser (—) hair-tonic

die Kopie' (-i'en) copy

der Kopier'rahmen (—) copying-frame

die Koppel (-n) sword-belt

der Korb (-e) basket, hamper

der Korbstuhl (-e) wicker-chair

kosten tr. taste

kosten intr. cost

das Kostüm' (-e) gown, costume

krabbeln intr. crawl, sprawl

die Kraft (-e) strength

der Kragen (—) collar

der Krämer (—) grocer

krank (kränker, am kränksten) adj. sick, ill

der Kranke (decl. as adj.) invalid, sick person

die Krankheit (-en) sickness, disease

der Kredit' (-e) credit

die Kreide (-n) chalk, crayon

der Kreis (-e) circle

kriechen (o, o) intr. sein creep

der Krieg (-e) war

kriegen tr. get, receive

die Kritik' (-en) criticism, critique

kroch pret. of kriechen

die Krone (-n) crown

der Kronprinz (-en, -en) crown-prince

die Krümmung (-en) bend, curve

die Küche (-n) kitchen

der Kuchen (—) cake

der Küchentisch (—) kitchen-table

der Kuckuck (-e) cuckoo; geh zum Kuckuck! go to the deuce!

die Kuckucksuhr (-en) cuckoo-clock

die Kuh (-e) cow

die Kuhhaut (-e) cow's hide

kühl adj. cool

kühn *adj.* courageous, bold, daring, hardy

kümmern *refl. w.* um attend to, bother about

der Kunde (-n, -n) customer

kündigen *intr. w. dat.* give notice

die Kündigung warning; monatliche Kündigung month's notice [on either side]

das Kupfer (—) copper

kurz (kürzer, am kürzesten) *adj.* curt, short; seit kurzer Zeit recently

kurzsichtig *adj.* short-sighted

der Kuß (Küsse) kiss

küssen (küßte, geküßt) *tr.* kiss

der Küster (—) sexton, sacristan

der Kutscher (—) coachman

der Kutscherbock (-e) coachman's box

der Kutschke-Walzer [name of a famous soldier-tune and text written supposedly during the Franco-Prussian War by a certain Kutschke]

L

lächeln *intr.* smile

lachen *intr.* laugh; *infin. as noun* laughter, laughing; es ist zum Lachen it is ridiculous

der Lackschuh (-e) patent-leather shoe

der Lackstiefel (—) patent-leather boot

der Laden (-) shop, store

der Ladentisch (-e) counter

lag *pret. of* liegen

das Lager (—) stock, store, provision; auf Lager in stock

das Lamm (-er) lamb

die Lampe (-n) lamp

das Land (-er) land, country; auf dem Land in the country; auf das Land into the country

die Landschaft (-en) landscape

lang (länger, am längsten) *adj.* long, wearisome

lange *adv.* for a long time, long; by far

langsam *adj.* slow

der Langschläfer (—) lie-abed, lazybones

längst *adv.* long ago; schon längst for a long time; am längsten longest of all

langweilig *adj.* tiresome

L'Arronge' [larrongzh] popular French playwright

las *pret. of* lesen

lassen (ich lasse, du läßt, er läßt, wir lassen, ihr laßt, sie lassen; ließ, gelassen) *tr.* let, leave, desist, cease; cause, make, allow, have

latei'nisch *adj.* Latin

die Later'ne (-n) lantern

der Later'nenanzünder (—) lamplighter

die Laube (-n) arbor, summerhouse

der Lauf (-e) course

laufen (äu, ie, au) *intr.* sein leap, run, walk [rapidly]; ich laufe Schlittschuh I am going skating; zwei Stunben zu laufen a walk of two hours

laut *adj.* loud; *adv.* aloud, out loud, noisily

läuten *intr.* ring

lauter *adv.* merely, nothing but, sheer

das Leben life; nie im Leben never in their lives

leben *intr.* live; zum Leben for living, to live on

leben'big *adj.* living, alive, lively.

der Lebenslauf course of life, career

der *and* das Leck (–e) leak

das Leber (—) leather

die Lebertasche (–n) leather-bag

leer *adj.* empty, vacant

leeren *tr.* empty

legen *tr.* lay, place, put; er legt sich he lies down

der Lehnstuhl (–e) arm-chair, easy-chair

lehren *tr.* teach

der Lehrer (—) teacher

das Lehrerkollegium staff. of instruction

der Lehrling (—) apprentice

der Leib (–er) body

leicht *adj.* easy, light, agreeable, slight

leid *adj.* sorrowful; es tut mir leid I am sorry

leiden (litt, gelitten) *tr.* endure, bear, suffer, allow

leider *adv.* alas, unfortunately

der Leim glue

leimen *tr.* glue

die Leinensachen *pl.* linen [things], linens

die Leinwand linen

leise *adj.* soft, low, gentle

der Leisten (—) shoemaker's last

leisten *tr.* render, perform, give, take

leiten *tr.* lead, conduct

der Leiter (—) leader, head-master

die Leiter (–n) ladder

lenken *tr.* direct, manage, steer

lernen *tr. and intr.* learn

lesen (ie, a, e) *tr.* read

letzt *adj.* last, least

das letztemal the last time

die Leute *pl.* people, persons, folks

der Leutnant (–s) lieutenant

das Licht (–er) light, gleam; candle, lamp

licht *adj.* light, clear, open, bright

das Lichtspieltheater (—) moving-picture show

lieb *adj.* dear, beloved; ben lieben langen Tag the livelong day; lieb haben be fond of, care for; am liebsten haben like best of all

die Liebe love

lieben *tr.* love

die Liebenswürdigkeit (–en) kindness, goodness

lieber *compar. of* gern *and* lieb dearer, rather, instead, preferably; er spielt lieber he prefers to play

der Liebling (–e) favorite

liebst *superl. of* lieb *and* gern dearest, favorite; am liebsten best of all, soonest; *w. verbs* dearly like to, like to . . . best

das Lied (–er) song, poem

lief *pret. of* laufen

liegen (a, e) *intr.* lie, be situated, be located

ließ *pret. of* laſſen

lieſt *3d sg. pres. of* leſen

der Lift (-e) elevator

die Lilie (-n) lily

das Lineal' (-e) ruler, rule

link *adj.* left

links *adv.* left, to the left; nach links to the left

die Lippe (-n) lip

die Liſte (-n) list

das *and* der Liter (—) liter [a measure slightly larger than a quart]

loben *tr.* praise

das Loch (-er) hole

der Löffel (—) spoon

die Loge [lozhe] (-n) stall, box

Lohengrin [name of famous opera by Richard Wagner]

der Lohn (-e) wage(s)

die Lokomoti've (-n) engine, locomotive

die Lorelei [a siren who haunted a dangerous cliff on the Rhine]

los *adj.* loose; was iſt los? what's the matter?; los! go ahead!; er machte ſich los he freed himself; laß mich los let me go

das Löſchblatt (-er) blotter

löſen *tr.* loosen, untie; eine Fahr= karte löſen buy a ticket

los'-gehen (ging, gegangen) *intr.* ſein come off, go on, go off, start

los'-laſſen (läßt, ließ, gelaſſen) *tr.* let go of, release

das Löteiſen (—) soldering-iron

löten *tr.* solder

lothrin'giſch *adj.* Lorraine

der Lötofen (-) soldering-fur- nace

der Löwe (-n, -n) lion

lud ein *pret. of* einladen

die Luft (-e) breeze, air

die Luftfahrtgeſellſchaft (-en) aeri- al-navigation company

das Luftſchiff (-e) airship

die Luftſchiffkarte (-n) airship- ticket

die Luftſchiffſpeiſekarte (-n) air- ship bill of fare

der Luftſchiffſteward [*pron. last two* *. syllables as in Eng.*] (-s) air- ship-steward

die Luftſchraube (-n) air-screw, propeller

die Lüge (-n) lie, falsehood

die Luſt desire, joy, pleasure, mirth

luſtig *adj.* joyous, jolly, cheerful, merry

das Luſtſpiel (-e) comedy

luthe'riſch *adj.* Lutheran

lyriſch *adj.* lyric

M

machen *tr.* make, cause, do; give, perform; ich mache mir nichts daraus I don't care tuppence for it; er machte ſich auf den Heimweg he started for home

die Macht (-e) might, power

das Mädchen (—) girl; -Dienst-
mädchen maid, servant

das Mädchenzimmer (—) maid's
room

mag *pres.* of mögen; das mag ich
nicht I don't want to, I don't
like it

der Magen (—) stomach

die Magenschmerzen *pl.* stomach-
ache, indigestion

mähen *tr.* mow

die Mahlzeit (–en) mealtime,
meal; gesegnete Mahlzeit! I hope
you have enjoyed your meal

die Mähmaschine (–n) mowing-
machine, lawn-mower

der Mai (–e *or* –en) [month of]
May

der Main [river] Main

die Majestät' (–en) majesty

der Major' (–e) major

mal *contr.* of einmal' *adv.* once,
just; mal aufstehen! get up, will
you!

das Mal (–e) time; das erste Mal
[*or* das erstemal] the first time;
das letzte Mal [*or* das letztemal]
the last time; mit einem Male
all at once, unexpectedly; zum
zweiten Male for the second time

der Maler (—) painter

der Malermeister (—) master-
painter

die Mama' (–s) mama

man *indef. pron.* one, someone,
we, you, they, people; man
sagt it is said

mancher (manche, manches) *indef.
pron.* many a, some, much;
manches a great deal

manchmal *adv.* often, sometimes,
occasionally

der Mann (–er) man, husband

das Manö'ver (—) maneuver

die Manschet'te (–n) cuff

der Mantel (–) coat, overcoat,
cloak

die Mark (—) mark [silver coin
worth $0.24]

der Markt (–e) market

die Marmela'de (–n) marmalade

der März (–e) March

die Maschi'ne (–n) machine; —
Haarmaschine clippers

die Masern *pl.* measles

der Maskenball (–e) masquerade,
fancy-dress ball

das Maß (–e) measure; nach Maß
gemacht made to order

maß *pret.* of messen

die Mathema'tik mathematics

die Matrat'ze (–n) mattress

die Mauer (–n) wall, stone-wall

das Mauerblümchen (—) wall-
flower

das Maul (–er) mouth [of an ani-
mal]

der Maurer (—) mason

der Maurermeister (—) master-
mason

die Maus (–e) mouse

die Medizin' (–en) medicine

der Medizi'ner (—) medical-man,
physician

medizi'nisch *adj.* medicinal

das Meer (–e) sea, ocean

das Mehl meal, flour

mehr *compar.* of viel more; nicht
mehr no longer

mehrere *adj.* several

die Meile (–n) mile

mein (meine, mein) poss. pron. my, mine

meinen tr. and intr. think, imagine, mean, intend, remark

meiner gen. of ich

meinetwegen adv. for all I care

meist superl. of viel adj. most; am meisten the most

meistens adv. for the most part, chiefly

meliert' adj. mixed

melfen tr. milk

der Mensch (–en, –en) man, human being, fellow

merken tr. and refl. notice, observe, bear in mind, remember

merkwürdig adj. remarkable, curious

messen (mißt, maß, gemessen) tr. measure

das Messer (–) knife

das Messertuch (–er) towel for table-silver

das and der Meter (–) yard [measure of distance]

mich acc. of ich

die Miene (–n) mien, air, look

mieten tr. rent

die Milch milk

der Milchladen (–) dairy

der Milchmann (–leute) milkman

mild adj. mild, soft, gentle

das Militär' coll. army

der Militär'beamte (decl. as adj.) military-official

die Militär'kapelle (–n) military-band

das and der Millimeter (–) millimeter; stelle sie auf ein(en) Millimeter set them at one millimeter

die Million' (–en) million

der Millonär' (–e) millionaire

mindestens adv. at least

die Minu'te (–n) minute

der Minu'tenzeiger (–) minute-hand [of a clock]

mir dat. of ich; [as dative of interest] so far as I am concerned; mir nichts dir nichts without more ado

die Mißheirat (–en) mésalliance, unequal match

mit prep. w. dat. and sep. pref. with, together, by, in; adv. together with, along, also, too

mit'=bringen (brachte, gebracht) tr. bring along [with one]

miteinan'der adv. with one another

mit'=geben (i, a, e) tr. give to take along

das Mitglied (–er) member

mit'=nehmen (nimmt, nahm, genommen) tr. take along [with one]

mit'=rechnen tr. count in

der Mittag (–e) midday, noon; zu Mittag essen eat dinner, dine

das Mittagessen dinner

die Mitte middle, center, midst

mitten adv. in the middle, in the midst, amidst; mitten bei right in the midst of

die Mitternacht (–e) midnight

der Mittwoch (–e) Wednesday

möchte pret. subj. of mögen

die Mode (–n) mode, fashion

der Modebasar (–e) men's furnishing-store, haberdasher

modern' adj. modern

mögen (ich mag, du magst, er mag, wir mögen, ihr mögt, sie mögen; mochte, gemocht) mod. aux. may, desire, like, care for, can

der Moment' (–e) moment, instant

die Monarchie' (–i'en) monarchy

der Monat (–e) month

monatlich adj. monthly

der Mond (–e) moon

der Montag (–e) Monday

der Monteur' [mongtör] (–e) machinist, mechanician

die Moosrose (–n) moss-rose

morgen adv. to-morrow

der Morgen (—) morning, morn, dawn; morgens, des Morgens, am Morgen in the morning; guten Morgen! good morning!

die Morgendämmerung dawn, daybreak

die Morgenfrühe early morning

der Mörtel mortar

der Motor (–s, –o'ren) motor

die Mücke (–n) gnat

müde adj. tired, weary

die Mühe (–n) trouble, pains

das München [city of] Munich

der Mund (–e) mouth, lips

munter adj. awake, cheerful, lively

die Münze (–n) coin

murmeln tr. murmur

das Muse'um (–s, Museen) museum

die Musik' music

der Musikant' (–en, –en) [inferior] musician, "musicianer"

der Musiker (—) musician

das Musik'werk (–e) musical work, composition

muß pres. of müssen

müssen (ich muß, du mußt, er muß, wir müssen, ihr müßt, sie müssen; mußte, gemußt) mod. aux. must, be compelled to, have to [go]

das Muster (—) model, pattern

der Mut courage, humor

mutig adj. courageous

die Mutter (–) mother

die Mütze (–n) cap

das Myste'rium (–s Mysterien) mystery, profound secret

mystisch adj. mystic

N

na interj. why! well! humph! huh! hm!

nach prep. w. dat. and sep. pref. after, towards, for, behind, to, according to

der Nachbar (–s and –n, –n) neighbor

die Nachbarin (–nen) [woman] neighbor

nachdem' adv. and conj. afterwards, after that; after, when; [adverbial clauses introduced by nachdem are often best rendered by participial phrases] nach'=fragen *tr.* inquire [for]

nachher' *adv.* afterwards

der Nachmittag (-e) afternoon; nachmittags, des Nachmittags in the afternoon; eines Nachmittags one afternoon

nach'=rechnen *tr.* reckon up again

die Nachricht (-en) news

die Nachspeise (-n) dessert

nächst *superl. of* nahe *adj.* nearest, next

die Nacht (-e) night; des Nachts at night, nights

das Nachtlied (-er) night-song

nachts *adv.* at night, in the nighttime

der Nachttisch (-e) commode, stand

der Nachtwächter (—) nightwatchman

nach'=zählen *tr.* count up again

die Nadel (-n) needle, pin

der Nagel (-) nail

nah (näher, am nächsten) *adj.* near, close; nah und fern far and wide

die Nähe nearness, proximity; presence; ganz in der Nähe quite close by

nähen *tr.* sew

nahm *pret. of* nehmen

nähren *refl.* live, gain a livelihood; bleib daheim und nähre dich redlich *proverb* seek an honest living at home

der Name (-ns, -n) name, title

namens *adv.* by the name of

nämlich *adj.* same; *adv.* namely, to wit, that is, as a matter of fact, you know

nannte *pret. of* nennen

der Napf (-e) dish, bowl

Napo'lium *vulgar for* Napoleon

der Narrentag April Fools' Day

naschen nibble, eat on the sly

die Nase (-n) nose

naß (*generally* nässer, am nässesten) *adj.* damp, moist, wet, humid

die Natur' (-en) nature

natür'lich *adj.* natural; *adv.* of course

die Natur'wissenschaft (-en) natural science

neben *prep. w. dat. and acc.* by, beside, close to, near

nebeneinan'der *adv.* side by side

der Neffe (-n, -n) nephew

das Negativ' (-e) negative

nehmen (nimmt, nahm, genommen) *tr.* take

nein *adv.* no

die Nelke (-n) carnation, pink

nennen (nannte, genannt) *tr.* name, dub, call

nett *adj.* nice, kind, pretty

neu *adj.* new; aufs Neue, von neuem anew, again

das Neujahr New Year

der Neujahrstag (-e) New Year's Day

neulich *adv.* recently, the other day

neun *num.* nine

neunundzwanzig *num.* twenty-nine

nicht *adv.* not; gar nicht not at all; nicht mehr no longer; nicht doch no you don't, no he didn't; nicht? am I not?

die Nichte (-n) niece

der Nichtraucher (—) non-smoker

nichts *indef. pron.* nothing; nichts
Schöneres nothing finer

ber *and* bas **Nickel** nickel

nicken *tr.* nod [assentingly]

nie *adv.* never; noch nie never yet

nieber *adj.* low, inferior, second-
ary; *adv.* down

bie **Niederlande** The Netherlands

niedlich *adj.* neat, nice, pretty

niedrig *adj.* low

niemals *adv.* never; noch niemals
never yet

niemand *indef. pron.* nobody

nimmer *adv.* never

nimmt *3d sg. pres. of* nehmen

nirgends *adv.* nowhere

noch *adv.* still, yet, as yet; noch
nie never yet; noch nicht not
yet; noch jemand somebody else;
noch ein another; noch etwas
some more; noch lange long
afterwards; noch einmal one of
these days

nochmal *adv.* again, over again

ber **Norden** north

bie **Nordsee** North Sea

bie **Not** (ⸯe) necessity, distress,
need, scarcity; time of need,
emergency

bie **Note** (-n) note

nötig *adj.* necessary, essential;
ich halte es für nötig I consider
it necessary

bie **Notiz'** (-en) note, notice

ber **Novem'ber** (—) November

bie **Nummer** (-n) number

nun *adv.* now; nun lange a long
time; *interj.* well! why!; nun
ja all right, I will; well, I'll
admit; nun gut! all right
then!

nur *adv.* only, just, anyway;
won't you?; pray, I beg of
you

bie **Nuß** (Nüsse) nut

nützlich *adj.* useful

O

O *interj.* oh!

ob *conj.* whether, if, to see if, I
wonder if

oben *adv.* above, on top, aloft,
overhead, upstairs; nach oben
upward

ober *adj.* upper

ber **Oberkellner** (—) head-waiter

bas **Oberleber** upper [leather]

ber **Oberlehrer** (—) upper-teacher

ber **Oberleutnant** (-s) first lieutenant

ber **Oberpostbirektor** (-s, -en) post-
master-general

bie **Oberprima** upper-first class

ber **Oberprimaner** (—) upper-
first classman

bie **Obersekunda** upper-second
class

ber **Obersekundaner** (—) upper-
second class-boy

ber **Oberst** (-en, -en) colonel

bie **Obertertia** [tĭ-tſi] upper-third
class

ber **Obertertianer** [tĭ-tſi] (—)
upper-third class-boy

obgleich' *conj.* although

bas **Obst** fruit

der Obſtbaum (-̈e) fruit-tree
die Obſthandlung (-en) fruit-store
obwohl' conj. although
der Ochs (-en, -en) ox
oder conj. or
die Oder [river] Oder
der Ofen (-̈) stove
offen adj. open, public, frank
öffentlich adj. public
der Offizier' (-e) officer
öffnen tr. open
oft (öfter, am öfteſten) adv. often, frequently
ohne prep. w. acc. and conj. without, besides
das Ohr (-es, -en) ear; eins an die Ohren a box on the ear
der Otto'ber (—) October
das Öl (-e) oil
die Oleomargari'ne (-n) oleomargarine [substitute for butter]
das Ome'gaöl Omega Oil
der Onkel (—) uncle
die Oper (-n) opera
die Operet'te (-n) operetta, musical comedy
das Opernglas (-̈er) opera-glass
das Opernhaus (-̈er) opera-house
die Opernmuſik operatic music
der Opernſänger (—) opera-singer
die Oran'ge [orangſche] (-n) orange
das Orcheſ'ter (—) orchestra
ordentlich adj. orderly, proper, regular, exact
die Ordnung (-en) order; bringt in Ordnung sets to rights
der Organiſt' (-en, -en) organist
die Orgel (-n) organ
die Orgelbank (-̈e) organ-bench
das Orgelkonzert (-e) organ-concert
der Ort (-e and -̈er) place, region, locality, spot
der Oſten east
das Oſterfeſt (-e) Easter
die Oſtern pl. Easter
das Öſterreich Austria
das Oſtpreußen East Prussia
die Oſtſee Baltic Sea

P

das Paar (-e) couple, pair; ein paar a few, several
ein paarmal adv. a couple of times
packen tr. pack
das Paket' (-e) package
die Paket'annahme receiving station for parcels
der Palaſt' (-̈e) palace
der Palmenbaum (-̈e) palm-tree
das Panora'ma (-s and Panoramen) panorama
der Pantof'fel (—) slipper
der Papa' (-s) papa
das Papier' (-e) paper
das Papier'geld (-er) paper-money
der Papier'laden (-̈) stationer's
das Papiermaché' [papiehmaſcheh] thick stamped paper
Pari'ſer indecl. adj. Parisian
der Park (-e) park
das Parkett' (-e) parquet [front

part of the main floor in a theater]

das Parlament'gebäude (—) House of Parliament

das Parterre' [tehr] (–s) pit, parterre

die Passagier'kabine [gi–zhi] (–n) passenger-car [of a balloon]

passen (paßte, gepaßt) intr. suit, be convenient, fit

passend part. adj. suitable

passie'ren intr. sein happen, occur

die Paste'te (–n) patty, pastry

der Pastor (–s, –o'ren) pastor

der Patient' [ti–tsi] (–en, –en) patient

der Patien'tenbesuch [ti–tsi] (–e) call on a patient

die Pause (–n) pause, lull, intermission

der Pavillon' [wiljong] (–s) pavillion

die Peitsche (–n) whip

das Pendel (—) pendulum

der Perlmutterknopf (–̈e) [mother-of-]pearl button

die Person' (–en) person; pl. people; cast [of a play]

die Personal'nachricht (–en) personal news

der Perso'nenwagen (—) passenger-car

der Perso'nenzug (–̈e) passenger-train, local train

persön'lich adj. personal, private, individual

die Petu'nie (–n) petunia

der Pfad (–e) path

die Pfanne (–n) pan; =Bratpfanne frying-pan, skillet

der Pfeffer pepper

die Pfefferdose (–n) pepper-shaker

die Pfeife (–n) pipe

pfeifen (pfiff, gepfiffen) intr. whistle

das Pfeifeninstrument (–e) reed-instrument

der Pfeiler (—) pillar

der Pfennig (–e) [coin = ¼ cent] pfennig, penny

das Pferd (–e) horse

die Pferdekraft (–̈e) horse-power

der Pfiff (–e) whistle; tat einen Pfiff gave a whistle

der Pfirsich (–e) peach

die Pflanze (–n) plant

das Pflaster (—) plaster; pavement

die Pflaume (–n) plum

pflücken tr. pick, pluck

der Pflug (–̈e) plow

das Pfund (–e) pound

die Philosophie' (–i'en) philosophy

philoso'phisch adj. philosophical

der Photograph' (–en, –en) photographer

die Photographie' (–i'en) photograph

photographie'ren tr. photograph

photogra'phisch adj. photographic

die Physik' physics

der Pianist' (–en, –en) pianist

der Pinsel (—) brush

der Plan (–̈e) plan

der Platz (–̈e) place, seat; space, room; square, park; Platz nehmen sit down, be seated

platzen intr. burst, explode

plötzlich adj. sudden

poli'tisch adj. political

die Polizei' police

das Polizei'amt (-er) police-station

die Polka (-8) polka [dance]

die Polka-Mazurka (-8) mazurka [dance]

die Polonä'se (-n) polonaise [dance]

die Poma'de (-n) pomade

der Portier' [-tieh] (-8) door-man, gate-keeper

die Portie're (-n) door-curtain, portiere

die Portion' [ti-tfi] (-en) portion

das Porzellan'geschirr porcelain-service

die Post (-en) post-office; mail

das Postamt (-er) post-office

der Postbeamte (decl. as adj.) postal official

der Posten (—) sentry, sentinel; auf Posten stehen stand guard

das Postgebäude (—) post-office [building]

die Postkarte (-n) postal-card

postlagernd adj. waiting to be called for; general delivery

der Postplatz Post-Office Square

der Postwagen (—) mail-car, mail-cart

praktisch adj. practical

praktizie'ren intr. practise

der Präsident' (-en, -en) president

die Praxis practise

präzis' adj. precise

predigen tr. preach

der Prediger (—) preacher

die Predigt (-en) sermon

der Preis (-e) price, figure

das Preußen Prussia

der Prinz (-en, -en) prince

die Prinzef'fin (-nen) princess

der Privat'bozent (-en, -en) lecturer [without pay at a university]

das Privat'haus (-er) private residence

die Profeffion' (-en) profession

der Profef'for (-8, -o'ren) professor

der Profit' (-e) profit

das Programm' (-e) program

das Prono'men (— and Pronomina) pronoun

das Profawerk (-e) prose-work

profit interj. your health! here's to you!; profit Neujahr! happy New Year

protestan'tisch adj. Protestant

das Prozent' (-e) percent

prüfen tr. test

die Prüfung (-en) test, examination

der Pudding (-e and -8) pudding

der Puder (—) [face] powder

der Pullmanwagen (—) Pullman-car

der Puls (-e) pulse

das Pult (-e) desk

der Pultschlüssel (—) desk-key

das Pulver (—) powder

der Pulverdampf powder-smoke

der Pulverrauch powder-smoke

pulverig adj. powdery

der Punkt (-e) point, dot; Punkt zwei Uhr promptly at two

pünktlich adj. punctual

die Puppe (-n) doll

putzen tr. clean, polish; black

Q

die Quabrat'meile (-n) square mile
die Quabril'le [fabrilje] (-n) quadrille, square-dance
die Qualität' (-en) quality
die Quarta fourth class
der Quarta'ner (—) fourth-class boy

quer *adv.* diagonally
die Quinta fifth class
der Quinta'ner (—) fifth-class boy
quittie'ren *tr.* receipt
die Quittung (-en) receipt

R

das Rad (=er) wheel
der Rahmen (—) frame
der Rang (=e) row [of boxes] tier, circle
der Rand (=er) edge, border
rang *pret. of* ringen
rannte *pret. of* rennen
rasch *adj.* quick, sudden
der Rasen lawn, sward, grass-plot
der Rasenplat (=e) lawn, grass-plot
rasie'ren *tr.* shave; *infin. as noun* shave, shaving
das Rasier'messer (—) razor
der Rat counsel, advice
das Rathaus (=er) city-hall, town-hall
der Rathausmarkt (=e) City-Hall Square
der Ratskeller (—) city-hall restaurant, cellar of the town-hall
der Räuber (—) robber
der Rauch smoke
rauchen *tr.* smoke
der Raucher (—) smoker
rauh *adj.* rough, raw

der Raum (=e) space, room
die Real'schule (-n) public-school [differing from the Realgymnasium by the exclusion of Latin]
die Rebenholz *colloq. for* Frau Rebenholz
rechnen *tr. and intr.* reckon, solve, calculate, cipher, do sums
die Rechnung (-en) statement, bill
das Recht (-e) right, reason, justice, privilege, law; recht haben be right; mit gutem Recht quite properly
recht *adj.* right, regular; *adv.* quite, very; erst recht losgehen begin in good earnest
rechts *adv.* right, to the right; nach rechts to the right
der Rechtsanwalt (-e) lawyer, solicitor
das Reck (—) rack, wooden horse
reden *tr. and intr.* talk, speak, say
die Redensart (-en) expression, phrase, figure of speech
redlich *adv.* honestly
das Regal' (-e) shelf

die Regel (-n) rule; in der Regel as a rule

der Regen rain

der Regenschirm (-e) umbrella

die Regen'tenstraße Regent Street [well-known residence-street in the Tiergarten-quarter]

regie'ren *intr.* rule, reign

die Regie'rung (-en) government

das Regiment' (-er) regiment

regnen *intr.* rain

reiben (ie, ie) *tr.* rub

das Reich (-e) realm, empire, kingdom

reich *adj.* rich

reichen *tr. and intr.* reach, extend, stretch; pass, offer, hand, serve

reichhaltig *adj.* rich, abundant, diversified

der Reichskanzler (—) imperial chancellor

das Reichsland imperial province

der Reichstag (-e) imperial diet

das Reichstagsmitglied (-er) member of the imperial diet

reif *adj.* ripe, mature

die Reifeprüfung final examination

das Reifezeugnis (-(e) certificate of maturity, school-diploma

die Reihe (-n) row, turn; jetzt kommt Fisch an die Reihe now it is the fish's turn

rein *adj.* clean, clear, pure; sheer, downright; rein gar nichts absolutely nothing at all

reinigen *tr.* clean

die Reise (-n) journey, trip

das Reisebild (-er) picture of travel

der Reisekoffer (—) small trunk

reisen *intr.* sein travel, journey; *infin. as noun* traveling

der Reisende (*decl. as adj.*) traveler

die Reisetasche (-n) traveling-bag, grip

reißen (riß, gerissen) *tr.* tear, snatch

reiten (ritt, geritten) *intr.* sein ride

der Reiter (—) rider

das Reitpferd (-e) riding-horse

der Rektor (-s, -o'ren) rector [annually elected head of a German university]

die Religion' (-en) religion

rennen (rannte, gerannt) *intr.* sein run, race, tear

reparie'ren *tr.* repair

das Repertoire' [toar] (-s) repertory

die Republik' (-en) republic

der Respekt' respect, esteem

das Restaurant' [restorang] (-s) restaurant

das Restaurant'essen [restorang] restaurant-fare

retten *tr.* rescue, save, preserve

der Rhein [river] Rhine

der Rheinländer (—) rhinelander [dance]

richten *tr.* direct, keep straight

der Richter (—) judge

richtig *adj.* real, right, correct, sure enough; *adv.* aright, rightly

die Richtung (-en) direction [of the compass]; nach allen Richtungen hin in every direction

riechen (o, o) *intr.* smell

rief *pret. of* rufen

das Rindfleiſch beef

der Ring (–e) ring

der Ringeltanz (⸚e) circular dance; den Ringeltanz machen play ring around the rosie

ringen (a, u) *tr.* wring

ringsum', ringsumher', ringsherum' *adv.* round about, all around

der Ritter (—) knight

das Roaſtbeef [*pron. as in Eng.*] (–s) roast-beef

der Rock (⸚e) coat; skirt

roh *adj.* rough, crude

rollen *intr.* roll, rumble

die Rollſchuhbahn (–en) roller-skating rink

die Roſe (–n) rose

der Roſengarten (⸚) rose-garden

rot (*generally* röter, am röteſten) *adj.* red

die Rübe (–n) turnip

rücken *tr.* move, tug at, pull; *intr.* ſein move, proceed, draw

der Rücken (—) back

die Rückenſchmerzen *pl.* back-ache

die Rückfahrt (–en) return-trip

rudern *intr.* row

der Ruf (–e) shout, call

rufen (ie, u) *tr. and intr.* call, shout, cry, exclaim, summon

die Ruhe rest, calm, peace

ruhen *intr.* rest

ruhig *adj.* quiet, peaceful; nur ruhig! dont you worry!

das Rührei (–er) scrambled egg

rühren *tr.* stir, move, beat, touch; *refl.* bestir one's self, be busy

die Rui'ne (–n) ruin

rund *adj.* round

der Rundgang (⸚e) round; allgemeiner Rundgang grand march

ruſſiſch *adj.* Russian

das Rußland Russia

rütteln *intr.* jolt, rattle

S

der Saal (Säle) apartment, drawing-room

der Säbel (—) saber

die Säbelkoppel (–n) sword-belt

die Sache (–n) thing, affair, matter, cause, business

das Sachſen Saxony

der Sack (⸚e) sack, bag

die Säge (–n) saw

ſägen *tr.* saw

ſagen *tr.* say, tell; was du nicht ſagſt! why, what are you telling me!

ſah *pret. of* ſehen

die Sahne cream

die Saiſon' [ßehſong] (–s) season

das Saiteninſtrument (–e) string-instrument

das Salär' (–e) salary

der Salat' (–e) lettuce, salad

der Salon' [ßallong] (–s) parlor, reception-room

ſalutie'ren *intr.* salute

das Salz (–e) salt

die Salzdoſe (–n) salt-cellar

ſalzig *adj.* salty

ſammeln *tr.* gather, collect

ber Samstag (-e) Saturday

ber Samstagnachmittag (-e) Saturday afternoon

ber Sänger (—) singer, minstrel

ber Sarg (⁻e) coffin

ſaß *pret. of* ſitzen

ſauber *adj.* clean, neat, tidy

ſauer *adj.* sour, glum, morose, peevish, vexed, angry

bas Sauerkraut sauerkraut

bie Schachtel (-n) box

ſchaben *intr. w. dat.* injure, harm

bas Schaf (-e) sheep

ſchaffen *tr.* work, make, do, get, procure

ber Schaffner (—) railway-guard, brakeman

bas Schaltjahr (-e) leap-year

ſchämen *refl.* be ashamed

ſcharf (ſchärfer, am ſchärfſten) *adj.* sharp

ber Scharlach scarlet-fever

bie Schattie'rung (-en) shade

ſchattig *adj.* shady

ber Schatz (⁻e) treasure; sweetheart

ſchauen *intr.* look, behold

bas Schaufenſter (—) show-window

bas Schaukelpferb (-e) hobbyhorse

bas Schauſpiel (-e) drama, play

ber Schauſpieler (—) actor

bas Schauſpielhaus (⁻er) playhouse, theater

ſcheiben (ie, ie) *intr.* ſein depart, part

ber Schein radiance, shine, appearance

ſcheinen (ie, ie) *intr.* shine, seem, appear

ber Scheitel (—) part [in the hair]

ſchelten (i, a, o) *tr. and intr.* scold

ber Schemel (—) (foot)stool

ſchenken *tr.* give, present; pour

bie Schere (-n) shears, scissors

ſcheu *adj.* shy, timid, bashful

ſchicken *tr.* send; *refl.* be proper, be fitting

ſchieben (o, o) *tr.* shove, push

ſchief *adj.* slanting, aslant

ſchien *pret. of* ſcheinen

bie Schiene (-n) rail

bas Schiff (-e) ship, vessel, boat; nave [of a church]

bas Schild (-er) plate, sign

ſchimpfen *intr.* swear, curse; *infin. as noun* swearing

ber Schinken (—) ham

ber Schirmladen (⁻) umbrellashop

bie Schlacht (-en) battle

ſchlachten *tr.* butcher, slaughter

ber Schlaf sleep, slumber

bie Schläfe (-n) temple [part of the forehead]

ſchlafen (ä, ie, a) *intr.* sleep

bas Schlafzimmer (—) bedroom

ber Schlag (⁻e) stroke, shock, blow, beat; =Wagenſchlag cabdoor

ſchlagen (ä, u, a) *tr.* strike, hit, beat

ſchlau *adj.* sly, cunning

ber Schlauch (⁻e) hose, length of hose

ſchlecht *adj.* bad, hard, evil, ill

ſchleichen (i, i) *intr.* ſein slink, slip, steal, sneak

ſchlief *pret. of* ſchlafen

ſchließen (ſchloß, geſchloſſen) *tr.* close, shut, lock

ſchlimm *adj.* bad, ill, evil; bað Schlimmſte the worst of all

ſchloß *pret. of* ſchließen

ſchluchzen *intr.* sob

ſchlug *pret. of* ſchlagen

ber Schluß (Schlüſſe) close, end; [ending a telephone-conversation] good-by; zum Schluß in conclusion, finally

ſchmal *adj.* narrow, slender

ſchmeđen *intr.* taste [good]

ſchmelzen (i, o, o) *intr.* melt

ber Schmerz (-eð, -en) pain, ache, grief

ſchmüđen *tr.* decorate, adorn

ſchmußig *adj.* dirty

ſchnarchen *intr.* snore

ber Schnee snow

bie Schneeflođe (-n) snowflake

ſchneiden (ſchnitt, geſchnitten) *tr.* cut, carve; ein Geſicht ſchneiden make a face

ber Schneider (—) tailor

ber Schneidermeiſter (—) master-tailor

ſchneien *intr.* snow

ſchnell *adj.* quick, swift

ber Schnellzug (⸚e) express-train

ſchnitt *pret. of* ſchneiden

ber Schnurrbart (⸚e) mustache

ſchob *pret. of* ſchieben

bie Schokola'be (-n) chocolate

ſchon *adv.* already, not later than; [used with pres. to express past action still incomplete] ich warte ſchon I have been waiting; soon, nevertheless, anyway, even, don't fear, never you fear, all right, "fast enough," yet, probably, by all means; ſchon wieder there it goes again; ſchon längſt for a long time

ſchön *adj.* pretty, fine, beautiful; *interj.* all right!; etwað Schöneres anything finer

ber Schornſtein (-e) chimney

ber Schornſteinfeger (—) chimney-sweep

ber Schoß (⸚e) lap; bosom

ſchoß *pret. of* ſchießen

ber Schrank (⸚e) cupboard, locker, chest; =Bücherſchrank book-case

ber Schređ (-e) terror, fright, shock; *also written* ber Schređen (—)

ſchređlich *adj.* awful, terrible

ſchreiben (ie, ie) *tr. and intr.* write

bað Schreibheft (-e) copy-book

bað Schreibpapier (-e) note-paper

ber Schreibtiſch (-e) writing-desk

bie Schreibutenſilien *pl.* writing-materials

ſchreien (ie, i) *intr.* cry, shout, call

ſchrieb *pret. of* ſchreiben

ſchrill *adj.* shrill

ber Schritt (-e) pace, step, tread

bie Schublade (-n) drawer

ber Schuh (-e) shoe

ber Schuhladen (⸚) shoe-store

ber Schuhmacher (—) shoemaker

ber Schuhmachermeiſter (—) master-shoemaker

bie Schularbeit (-en) school-task, home-work

bie Schulbank (⸚e) school-bench

bie Schuld (-en) debt, fault,

blame, guilt; wer trägt die Schuld? whose fault is it?

schulden *tr.* owe

schuldig *adj.* guilty, indebted, owing

die Schule (–n) school

der Schüler (—) pupil

das Schulhaus (-er) school-house

der Schulhof (-e) school-yard

das Schulkind (–er) school-child

die Schultafel (–n) school-board, blackboard

die Schulter (–n) shoulder

das Schulzimmer (—) school-room

die Schüssel (–n) plate, dish

der Schuster (—) cobbler

schütteln *tr.* shake

schütten *tr.* pour, heap

der Schutzmann (–leute) policeman

das Schwaben Swabia

schwach (schwächer, am schwächsten) *adj.* weak

die Schwalbe (–n) swallow

schwamm *pret. of* schwimmen

der Schwan (-e) swan

schwang *pret. of* schwingen

der Schwank (-e) farce

schwarz (schwärzer, am schwärzesten) *adj.* black, dark

schweben *intr.* hover

schweigen (ie, ie) *intr.* be silent, say nothing

das Schwein (–e) pig

das Schweinefleisch pork

die Schweiz Switzerland

schwer *adj.* hard, difficult, heavy, deep, weighty, slow

die Schwester (–n) sister

die Schwiegermutter (-) mother-in-law

schwimmen (a, o) *intr.* sein swim

schwindelig *adj.* dizzy, faint

die Schwindsucht consumption

schwingen (a, u) *tr.* swing

schwül *adj.* sultry

sechs *num.* six

sechst *num.* sixth

sechzig *num.* sixty

die Sedan'feier Sedan-celebration [in memory of the decisive victory won by the Germans at Sedan]

der See (Se'en) lake

sehen (ie, a, e) *tr. and intr.* see

sehr *adv.* very, quite, sorely, exceedingly

die Seife (–n) soap

sein (seine, sein) *poss. pron.* his, its, her

sein (ich bin, du bist, er ist, wir sind, ihr seid, sie sind; war, gewesen) *intr.* sein be, exist, seem; was soll denn das sein? what does that mean?

seit *prep. w. dat. and conj.* since, for, from

seitdem' *adv.* since, since then, ever since

die Seite (–n) side; page; auf die Seite, zur Seite aside, to one side

die Sekun'de (–n) second

der Sekun'denzeiger (—) second-hand [of a clock]

selbe *adj.* same

selber *indecl. pron.* self; *adv.* in person, even

selbst *indecl. pron.* self, myself, thyself, etc.; *adv.* even

der *and* die Selerie' celery

felten *adj.* rare, unusual

das Semef'ter (—) semester, half-year

die Semmel (–n) [bread] roll

fenden (fandte *or* fenbete, gefandt *or* gefenbet) *tr.* send

der Senf (—) mustard

das Senfblei plummet

fenfen *tr.* lower, cast down; *refl.* fall

der September (—) September

das Servier'brett (–er) tray

fervie'ren *tr.* serve

der Servier'tifch (–e) serving-table

die Serviet'te (–n) napkin

der Serviet'tenring (–e) napkin-ring

feßen *tr.* set, seat, place, put; *refl.* sit down

feufzen *intr.* sigh

die Serta sixth class

der Serta'ner (—) sixth-class boy

fich *refl. and recipr. pron.* one's self, himself, herself, itself, themselves, each other, one another

ficher *adj.* sure, secure, safe, certain; ficher vor safe from

fie (ihrer, ihnen, fie) *pers. pron.* they

fie (ihrer, ihr, fie) *pers. pron.* she, it

Sie (Ihrer, Ihnen, Sie) *pers. pron.* you

fieben *num.* seven

fiebenundzwanzigft *num.* twenty-seventh

fiebzig *num.* seventy

fiegen *intr.* be victorious, conquer

fleht *3d sg. pres. of* fehen

das Signal'horn (–er) signal-horn, siren, bugle

die Signal'fcheibe (–n) signal-disk [to sign the train to start]

das Silber silver

der Silvef'ter (—) Sylvester [last day of the year]

find *pl. pres. of* fein

fingen (a, u) sing; *infin. as noun* singing

finfen (a, u) *intr.* fein sink, fall, drop

der Sinn (–e) mind, feeling, sense, thought, purpose

die Sitte (–n) custom

der Siß (–e) seat

fißen (faß, gefeffen) *intr.* sit; fißen bleiben remain seated

die Sißung (–en) session

fo *adv. and conj.* so, thus, in such a way, in like coin, as, then; fo ein such a, a sort of, that sort of; fo etwas that sort of thing, something of that sort; fo daß so that; fo alles about all; ach fo! you don't say so!; fo! well! indeed! there! that's the way!

fobald' *conj.* as soon as [the adverb is written fo balb]

der Sockel (—) pedestal

foe'ben *adv.* just now

das Sofa (–s) sofa

fofort' *adv.* at once, immediately

fogar' *adv.* even, what is more

fogleich' *adv.* at once, immediately

der Sohn (–e) son

folang'e *conj.* as long as, while [the adverb is written fo lange]

folcher (folche, folches) *adj.* such; ein folcher such a

der Soldat' (-en, -en) soldier

follen (*pres. indic.* foll, follst, foll) *mod. aux.* shall, be to, be said to, be going to

der Soloift' (-en, -en) soloist

der Sommer (—) summer

der Sommeranzug (-e) summer-suit

die Sommerferien *pl.* summer-vacation

der Sommersanfang (-e) beginning of summer

der Sommerüberzieher (—) summer-overcoat

fonderbar *adj.* strange, peculiar

fondern *conj.* [after negative] but

der Sonnabend (-e) Saturday; Sonnabend abend Saturday evening

die Sonne (-n) sun

der Sonnenaufgang sunrise

der Sonnenschein sunshine

der Sonnenuntergang sunset

der Sonntag (-e) Sunday

das Sonntagseffen Sunday-dinner

fonft *adv. and conj.* else, or, otherwise, than; formerly, usually, ordinarily; fonft nichts nothing else; fonft ein some other; fonft etwas anything else

fonftig *adj.* other

forgen *intr.* worry, fear, take care [of], care for, look after

die Sorte (-n) sort, kind

der Souffleur' [fuflör] (-e) prompter

das Souper' [fupeh] (-s) supper

Soundfo What's His Name

foviel' *conj.* as much as

foweit' *conj.* as far as

das Spanien Spain

fparen *tr.* save [up]

der Spargel asparagus

die Sparfaffe (-n) savings-bank

der Spaß (-e) joke; es macht Spaß, es ift Spaß it is great fun

fpät *adj.* late, tardy

der Spaten (—) spade, shovel

der Spatz (-en, -en) sparrow

fpazie'ren *intr.* fein walk; fpazieren gehen go out walking; fpazieren fahren take a ride

der Spazier'gang (-e) walk, stroll; einen Spaziergang machen promenade, take a stroll

der Sped bacon

die Speife (-n) food, viand

die Speifekammer (-n) pantry, larder

die Speifekarte (-n) bill of fare, menu

der Speifefaal (-fäle) dining-hall

der Spiegel (—) looking-glass, mirror, quiet surface

das Spiegelei (-er) poached egg

das Spiel (-e) game, play; beim Spiel while playing, at play

fpielen *tr. and intr.* play

die Spielleitung [stage] direction

die Spielfache (-n) plaything, toy

das Spielzeug (-e) toy

der Spinat' spinach

die Spitze (-n) head, top, summit

spitzen *tr.* sharpen; er spitzt die Ohren he pricks up his ears

der Spitzenbesatz (-e) lace-trimming

die Sportnachricht (-en) sporting-news

sprach *pret. of* sprechen

die Sprache (-n) language

sprang *pret. of* springen

sprechen (i, a, o) *intr.* speak, say, tell

die Sprechstunde (-n) office-hour

das Sprechzimmer (—) consultation-room

das Sprichwort (-er) proverb

der Springbrunnen (—) fountain

springen (a, u) *intr.* sein jump, leap, spring, run

das Spritzenhaus (-er) fire-engine house

der Sprung (-e) leap, jump

die Spülbank (-e) [rinsing] sink

der Staat (-es, -en) state

das Staatsexamen (-s, -examina) state-examination

die Stadt (-e) city, town

der Stadtmusikant (-en, -en) city-musician; *pl.* town-band

der Stadtpark (-s) city-park

der Stadtrat (-e) city-council

die Stahlfeder (-n) steel-pen

der Stall (-e) stall, stable

stand *pret. of* stehen

der Stand (-e) position, post, stand

das Standesamt (-er) registry, registrar's office

der Standesbeamte (*decl. as adj.*) registry-clerk

die Standuhr (-en) pendulum-clock

starb *pret. of* sterben

stark (stärker, am stärksten) *adj.* strong, heavy, great

die Station' [ti=tsi] (-en) station; bei freier Station with board and lodging

statt *prep. w. gen.* instead of; statt dessen instead of which

statt'-finden (a, u) *intr.* take place, occur

stattlich *adj.* stately, dignified, sightly, fine

der Staub dust

staubig *adj.* dusty

stechen (i, a, o) *tr. and intr.* stick, prick, sting

stecken *tr.* stick, put; *intr.* stick [fast], be hidden, be, remain; stecken bleiben break down; was soll darin stecken? what's inside it, do you suppose?

stehen (stand, gestanden) *intr.* stand; =sein be; =anstehen become, suit; =gehen go; wie steht's? how goes it? was ihr sehr gut stand which was quite becoming to her

stehlen (ie, a, o) *tr.* steal

steif *adj.* stiff

steigen (ie, ie) *intr.* sein climb, rise

der Stein (-e) stone

die Stelle (-n) place, position; zur Stelle on the spot, at hand

stellen *tr.* put, place, set; eine Frage stellen ask a question; *refl.* behave, act, feign

stempeln *tr.* stamp

sterben (i, a, o) *intr.* sein die

der Stern (-e) star

stets *adv.* always, ever, continually

die Steuer (-n) tax

die Steuerfläche (-n) steering-surface

der Steuermann (-leute) steersman

der Steward [*pron. as in Eng.*] (-s) steward

sticken *tr.* embroider

der Stiefel (—) boot, high shoe

das Stiefelputzen blacking boots

stieg *pret. of* steigen

stieß *pret. of* stoßen

still *adj.* still, quiet, calm, soft

die Stimme (-n) voice, vote

stimmen *intr.* accord, agree; [das] stimmt true enough!

stirbt *3d sg. pres. of* sterben

die Stirne (-n) forehead

der Stock (-e) cane, stick

der Stock (-e) story, floor

das Stockwerk (-e) story, floor

der Stoff (-e) material, stuff

stolz *adj.* proud

stopfen *tr.* darn, mend

stoßen (ö, ie, o) *tr.* push, strike, nudge; mit dem Fuße stoßen kick

die Strafe (-n) punishment; bei Strafe under penalty

die Straße (-n) street, road; die Straße hinab down the street

die Straßenbahn (-en) street-railway; street-car

der Straßenbahnwagen (—) street-car

die Straßenmusik street-music

die Straßenreinigung street-cleaning

der Strauch (-e *or* -er) shrub, bush

die Strecke (-n) stretch, distance

strecken *tr.* stretch, reach out

der Streich (-e) trick, prank

streichen (i, i) *tr.* strike, stroke, spread, push, brush; beat, strum, play; *intr.* sein move, sweep, wander

das Streichinstrument (-e) bow-instrument

der Streit (-e) dispute, wrangle, conflict

streng *adj.* strict, severe

strich *pret. of* streichen

stricken *intr.* knot

das Stroh straw

der Strom (-e) river, stream, current

der Strumpf (-e) stocking

die Stube (-n) room, chamber

das Stück (-e) piece

der Student' (-en, -en) student

die Studen'tenverbindung (-en) student-society

studie'ren *tr. and intr.* study

das Studier'zimmer (—) study (room)

studiosus philosophiæ [Latin] student of philosophy [at a university]

das Studium (-s, Studien) study

der Stuhl (-e) chair

stumm *adj.* dumb, mute, silent, sullen

das Stündchen (—) short hour

die Stunde (-n) hour, class; hour's journey

der Stundenzeiger (—) hour-hand
der Sturm (-̈e) tempest, storm
stürmen *intr.* storm
stürzen *intr.* (ein plunge, rush
suchen *tr.* seek, search, look for;
 –versuchen try, attempt
der Süden south
südlich *adj.* southerly
die Summe (–n) sum, amount,
 total

summen *intr.* hum, buzz
die Suppe (–n) soup
das Suppenfleisch soup-meat
der Suppenlöffel (—) soup-
 spoon
surren *intr.* whir, buzz, hum;
 infin. as noun humming
süß *adj.* sweet
das Symphonie'orchester (—) sym-
 phony-orchestra

T

der Tabak (-e) tobacco
die Tafel (–n) table, board; –
 Schreibtafel tablet, slate
der Tag (-e) day; eines Tages one
 day, some day; den ganzen Tag
 the whole day; guten Tag! good
 day!; ein Tag um den anderen
 one day after another; in den
 Tag hinein leben live from hand
 to mouth
das Tageblatt Journal [title of a
 famous Berlin newspaper]
die Tagesarbeit (–en) day's work
täglich *adj.* daily
die Taille [tal'je] (–n) waist
der Takt (-e) time, measure; den
 Takt schlagen beat time
der Taktstock (-̈e) director's baton
das Tal (-̈er) dale, valley
der Taler (—) dollar [silver coin
 worth three marks or $0.72]
der Tannenbaum (-̈e) fir-tree
die Tante (–n) aunt; *colloq.* granny
der Tanz (-̈e) dance
tanzen *intr.* dance; beim Tanzen
 while dancing

die Tanzkarte (–n) dance-program
der Tanzschuh (-e) dancing-pump
tapfer *adj.* brave; tapfer drauf los
 at a great rate
der Tarif (-e) tariff, legal rate
die Tasche (–n) pocket; –Ledertasche leather-bag, satchel
das Taschentuch (-̈er) handkerchief
die Taschenuhr (–en) watch
die Tasse (–n) cup
tat *pret. of* tun
die Tat (–en) deed, act; in der Tat
 actually, indeed
das Taubenei (-̈er) pigeon-egg
der Taucher (—) diver
taugen *intr.* be good [for], be
 worth
tausend *num.* thousand
der Tausendmarkschein (-e) thou-
 sand-mark banknote [$240]
der Taxameter (—) taximeter
die Taxameterdroschke (–n) taxi-
 cab
die Taxe (–n) licensed rate, indi-
 cated fare

technisch *adj.* technical
der Tee (-s) tea
der Teelöffel (—) tea-spoon
die Teerose (-n) tea-rose
der *and* das Teil (-e) part, share,
  portion
das Telegramm' (-e) telegram
der Telegraph' (-en, -en) telegraph
das Telegra'phenamt (-er) tele-
  graph-office
das Telephon' (-e) telephone
das Telephon'buch (-er) tele-
  phone-directory
telephonie'ren *intr.* telephone
der Teller (—) plate
das Tellertuch (-er) dish-towel
der Teppich (-e) carpet, rug
teuer *adj.* dear, precious, expen-
  sive, high, exorbitant
das Thea'ter (—) theater
der Thea'terbesucher (—) theater-
  goer
die Thea'ternachricht (-en) theat-
  rical news
das Thea'terrestaurant [restorang]
  (-s) theater-restaurant
der Thea'terzettel (—) play-bill
der Theolo'ge (-n, -n) theologian
die Theologie' theology
theolo'gisch *adj.* theological
tief *adj.* deep, profound
das Tier (-e) animal
der Tiger (—) tiger
die Tinte (-n) ink
das Tintenfaß (-fässer) ink-well
der Tisch (-e) table; zu Tisch bitten
  invite to dinner
die Tischdame (-n) [woman] part-
  ner at dinner

die Tischdecke (-n) table-cover
das Tischgebet (-e) grace
der Tischherr (-n, -en) table-com-
  panion
der Tischler (—) carpenter, joiner
der Tischlermeister (—) master-
  carpenter
die Tischrede (-n) dinner-speech
das Tischtuch (-er) table-cloth
der Titel (—) title
der Toast [*pron. as in Eng.*] (-e)
  toast; einen Toast ausbringen
  propose a toast
die Tochter (-) daughter
die Töchterschule (-n) school for
  girls
der Tod (-e) death
toll *adj.* crazy, mad
der Ton (-e) tone, note, sound;
  fashion; der gute Ton good
  breeding
die Tonleiter (-n) [musical] scale
der Topf (-e) pot
der Tor (-en, -en) fool
das Tor (-e) gate
die Torte (-n) tart, [French]
  pastry, sweet-cake
tot *adj.* dead
traf *pret. of* treffen
tragen (ä, u, a) *tr.* carry, bear, wear
die Träne (-n) tear
trat *pret. of* treten
die Traube (-n) grape
trauen *intr. w. dat.* trust
die Trauer mourning
das Trauerspiel (-e) tragedy
der Traum (-e) dream
träumen *intr.* dream
traurig *adj.* sad, mournful, melan-
  choly

treffen (trifft, traf, getroffen tr.) strike, hit, meet

treiben (ie, ie) tr. drive, make go, do, carry on

die Treppe (–n) flight [of steps], staircase, stairs; die Treppe hinauf upstairs; die Treppe hinunter downstairs

das Treppengeländer (—) stair-rail, balustrade

treten (tritt, trat, getreten) intr. sein tread, step, walk, go, come; mit Füßen treten trample upon, kick

treu adj. faithful, loyal, true

trinken (a, u) tr. drink; zum Trinken to drink out of

das Trinkgeld (–er) tip, pourboire

tritt 3d sg. pres. of treten

trocken adj. dry, stale

trocknen tr. dry

die Trommel (–n) drum

der Trommelschläger (—) drummer

die Trompe'te (–n) trumpet

tropisch adj. tropical

trotz prep. w. gen. and dat. in spite of

trotzdem' adv. for all that, in spite of that, although

trug pret. of tragen

das Tuch (–er) cloth; -Taschentuch handkerchief

tüchtig adj. able, thorough, competent

die Tulpe (–n) tulip

tun (tut, tat, getan) tr. and intr. do, act, make, put; [tun is used dialectically, but not in standard German, as an auxiliary of tense]; das tut Ihnen nichts that won't hurt you; es tut mir leid I am sorry

der Tunnel (–s) tunnel

die Türe (–n) door

der Turm (–e) tower

die Turmuhr (–en) tower-clock

turnen intr. practise, do gymnastics; infin. as noun gymnastics

der Turnplatz (–e) gymnasium

der Turnring (–e) traveling-ring

die Tüte (–n) paper-bag

der Typhus typhoid

U

übel adj. evil, bad; nicht so übel not half bad

üben refl. practise

über prep. w. dat. and acc. over, more than, above, across

überall' adv. everywhere

überhaupt' adv. generally, on the whole, anyway, at all

übermorgen adv. day after to-morrow

überneh'men (übernimmt, übernahm, übernommen) tr. take over, assume

überzie'hen (überzog, überzogen) tr. overlay, cover

der Überzieher (—) overcoat

übrig adj. remaining, rest, left

das Ufer (—) shore, bank

die Uhr (–en) hour, clock, watch, o'clock

die Uhrfeder (-n) watch-spring

das Uhrgehäuse (—) watch-case

das Uhrglas (-er) watch-crystal

der Uhrmacher (—) watchmaker, jeweler

das Uhrwerk watch-works, clockworks

um *prep. w. acc.* around, about, at, for; *adv.* [with zu before an infinitive] in order to, to

umher' *adv.* around, about

umher'-schleichen (i, i) *intr.* sein slink about, steal around

umsonst' *adv.* gratis, for nothing, in vain

um'-wechseln *tr.* [w. gegen] exchange for

um'-werfen (i, a, o) *tr.* overturn

um'-ziehen (zog, gezogen) *intr.* sein move [one's place of abode]

der Umziehmann (-leute) mover

der Umziehtag (-e) moving-day

der Umziehwagen (—) moving-van

der Unabhängigkeitstag Independence Day

unangenehm *adj.* unpleasant

unartig *adj.* naughty

und *conj.* and; und wenn even if

ungefähr *adv.* about, nearly

ungeschickt *adj.* awkward

ungestört *adj.* undisturbed, uninterrupted

das Unglück bad luck, misfortune, calamity

unglücklich *adj.* unhappy

die Uniform' (-en) uniform

der Uniform'rock (-e) military-coat

die Universität' (-en) university

unnütz *adj.* useless

das Unrecht wrong; unrecht haben be wrong

unreif *adj.* unripe, immature

unruhig *adj.* restless, agitated

uns *dat. and acc. of* wir

unschuldig *adj.* innocent

unser (unsere, unser) *poss. pron.* our

der Unsinn nonsense

unten *adv.* down, below, downstairs; nach unten downward

unter *adj.* lower

unter *prep. w. dat. and acc.* under, below, beneath, among, midst

Unter ben Linden Under the Lindens [boulevard in Berlin]

unter-gehen (ging, gegangen) *intr.* sein set, go down

unterhalb *prep. w. gen.* below, beneath

unterneh'men (unternimmt, unternahm, unternommen) *tr.* undertake

der Unteroffizier (-e) non-com [-missioned officer]

die Unterprima lower-first class

der Unterprimauer (—) lower-first class-boy

der Unterricht instruction

unterrich'ten *tr. and intr.* instruct, give instruction, teach

der Unterschied (-e) difference

unterschrei'ben (ie, ie) *tr.* sign

die Untersekunda lower-second class

der Untersekundaner (—) lower-second class-boy

die Untertaffe (-n) saucer
die Untertertia [ti-tſi] lower-third class
der Untertertianer [ti-tſi] (—) lower-third class-boy
die Unterwäſche undergarments

unvergleich'lich adj. incomparable
unverheiratet adj. unmarried
der Uradel ancient nobility
urteilen intr. judge
uſw. abbrev. of und ſo weiter and so forth

B

der Vater (-) father
das Vaterland [native] country
die Vaterſtadt (-e) native-town
das Vene'dig Venice
verach'ten tr. despise; iſt nicht zu verachten is not to be despised
die Verbeu'gung (-en) bow, obeisance
verbie'ten (o, o) tr. forbid
verbin'den (a, u) tr. bandage
verbrin'gen (verbrachte, verbracht) tr. pass, spend
verder'ben (i, a, o) tr. destroy, ruin, spoil
verdie'nen tr. earn, gain; deserve
der Verdienſt' (-e) earning, reward
verei'nigt part. adj. united; die Vereinigten Staaten United States
vergaß' pret. of vergeſſen
verge'ben (i, a, e) tr. forgive, pardon
verge'bens adv. in vain
verge'hen (verging, vergangen) intr. ſein pass away
vergeſ'ſen (vergißt, vergaß, vergeſſen) tr. and intr. forget
das Vergnü'gen pleasure, joy; iſt

das ein Vergnügen! isn't that jolly!
vergnügt' adj. cheerful, merry, gay
die Vergnü'gung (-en) amusement, recreation
der Vergnü'gungsplaß (-e) amusement-place
vergol'det part. adj. gilded, gilt
verhei'raten tr. marry; refl. get married
der Verkauf (-e) sale; ſteht zum Verkauf bereit is ready to sell
verkau'fen tr. sell
der Verkäufer (—) salesman, clerk
die Verkäu'ferin (-nen) saleswoman
verlan'gen tr. ask, require, demand
verlaſ'ſen (verläßt, verließ, verlaſſen) tr. leave, quit, abandon; vor dem Verlaſſen before vacating
verle'gen adj. embarrassed
verliebt' adj. in love
verlie'ren (o, o) tr. lose
verlo'ben refl. become engaged to
vermu'ten intr. suppose, conjecture, surmise
vernei'gen refl. bow

vernünf'tig *adj.* reasonable, sensible

verra'ten (ä, ie, a) *tr.* betray, disclose, divulge

verschaf'fen *tr.* procure, provide

verschie'den *adj.* various, different

verschrei'ben (ie, ie) *tr.* prescribe

der Verschwen'der (—) spendthrift

verschwin'den (a, u) *intr.* sein disappear, vanish from sight

verset'zen *tr.* shift, place

versi'chern *tr.* assure, aver, assert

verspre'chen (i, a, o) *tr.* promise; *infin. as noun* promise

das Verste'cken hide and seek

verste'hen (verstand, verstanden) *tr.* understand

versu'chen *tr.* try, attempt, tempt

vertei'digen *tr.* defend

der Vertei'diger (—) advocate, lawyer for the defense

vertei'len *tr.* distribute

vertra'gen (ä, u, a) *tr.* endure, stand

vertre'ten (vertritt, vertrat, vertreten) *tr.* represent

der Verwand'te (*decl. as adj.*) relative

verzei'hen (ie, ie) *tr.* pardon, forgive, excuse; verzeihen Sie pardon me

der Vetter (—s, —n) cousin

viel (mehr, meist) *adj.* much, many, a great deal; nicht vieles nothing much

vielleicht' *adv.* probably, perhaps, possibly

vielmehr' *adv.* rather

vier *num.* four

viert *num.* fourth

das Viertel (—) quarter, fourth [of a]

der Vierteldollar (—s) quarter [of a dollar]

die Viertelstunde (—n) quarter of an hour

vierundzwanzig *num.* twenty-four

vierzehn *num.* fourteen

das Vierzehntel (—) fourteenth

die Violi'ne (—n) violin

der Violinist' (—en, —en) violinist

der Vogel (—) bird

das Volk (—er) people, folk

das Volkslied (—er) folksong

das Volksstück (—e) popular play [dealing with types drawn from the middle-classes]

voll *adj.* full

vollen'den *tr.* complete

vom *contr. of* von dem

von *prep. w. dat.* of, from, by, concerning

vor *prep. w. dat. and acc.* before, ago, forward, in front of, because of, from; vor sich hin straight ahead of him

voran' *adv.* ahead

vorbei' *adv.* past, gone

die Vorbereitung (—en) preparation

vorder *adj.* front

der Vordergarten (—) front-garden

vorgestern *adv.* day before yesterday

der Vorhang (—e) curtain, shade

vorher' *adv.* previously, first, sooner

vorhin' *adv.* before, a little while ago

vorig' *adj.* previous; vorigen Monat last month

vor'=kommen (kam, gekommen) *intr.* sein occur, seem, appear

vor'=legen *tr.* lay out, submit

vor'=lesen (ie, a, e) *tr.* read aloud

die Vorlesung (–en) lecture

der Vormittag (–e) forenoon; vormittags, des Vormittags in the forenoon

vorn *adv.* in front, forward; ganz vorne way up in front; von vorne from the beginning, all over again

der Vorname (–ns, –n) first name

die Vorsicht foresight, care; *interj.* look out!

vorsichtig *adj.* careful

die Vorspeise (–n) first course, entrée

die Vorstellung (–en) performance

vor'=tragen (ä, u, a) *intr.* perform

vortreff'lich *adj.* excellent

vorü'ber *adv.* past, gone by

vorwärts *adv.* ahead, forward

vor'=zeigen *tr.* produce, present

vor'=ziehen (zog, gezogen) *tr.* prefer

vorzüg'lich *adj.* excellent, select, choice

W

wach *adj.* awake

wachen *intr.* watch, wake, be awake

wachsen (ä, u, a) *intr.* grow

die Waffe (–n) arms, weapon

der Wagen (–) wagon, car, carriage

wagen *tr.* dare

das Wagenpferd (–e) carriage-horse

der Wagenschlag (–e) cab-door

die Wahl (–en) election

wählen *tr.* select, elect, choose, vote

wahr *adj.* true; nicht wahr? isn't that so? doesn't it? didn't he? etc.; so wahr ich lebe as true as I live

während *prep.* w. gen. and conj. during, for, in the course of, while

das Waisenhaus (–er) orphan-asylum

der Wald (–er) forest, wood

das Waldhorn (–er) French-horn

der Walzer (–) waltz

die Wand (–e) wall, partition

der Wanderer (–) wanderer

das Wanderlied (–er) song of wandering

wandern *intr.* sein wander, roam

die Wandtafel (–n) wall-board, blackboard

wandte *pret.* of wenden

die Wanduhr (–en) wall-clock

die Wange (–n) cheek

wann *interr. adv.* when

die Wanne (–n) tub

das Wappen (–) coat of arms

war *pret.* of sein

ward *pret.* of werden

die Ware (–n) ware, good[s]

wäre *pret. subj. of* jein; ba wären wir jetzt here we are at last

warf *pret. of* werfen

warm (wärmer, am wärmsten) *adj.* warm

wärmen *tr.* warm

warten *intr.* wait; warte nur! you just wait!

bas Wartezimmer (—) waiting-room

warum' *adv.* why, what for, wherefore; warum wohl? why, do you suppose?; warum benn bas? why should that be?

was *interr. and rel. pron.* what, that, which, that which, a thing which; was nur whatever, I wonder what; was Sie nicht jagen! you don't say so!; was auch whatever

was *contr. of* etwas; some, something, anything, a little; was anberes something else

bie Wäjche wash, washing, laundry, [soiled] linen

wajchen (ä, u, a) *tr. and intr.* wash; beim Wajchen while washing

bas Wajchgejchirr toilet-set

bie Wajchjchüffel (-n) wash-bowl

ber Wajchtag (-e) wash-day

ber Wajchtijch (-e) wash-stand

was für (ein, eine) *interr. and rel. pron.* what sort of, what kind of, what

bas Wajjer (—) water

bas Wajjerbecken (—) water-basin

ber Wajjerfall (-̈e) waterfall

bas Wajjerglas (-̈er) drinking-glass

ber Wajjerhahn (-̈e) water-cock, faucet

ber Wajjertrug (-̈e) water-pitcher

bie Wajjerrinne (-n) gutter [on the roof of a house]

bas Wajjerrohr (-e) water-pipe

wecken *tr.* wake, rouse

ber Wecker (—) alarm

bie Weckuhr (-en) alarm-clock

weber ... noch *adv.* neither ... nor

ber Weg (-e) way, road, path; am Wege by the wayside; bes Weges gehen go one's way, be walking along

weg *adv.* away, off, aside; weg ift er off it flies

wegen *prep. w. gen.* on account of, because of

weh *adj.* sore, aching; weh tun hurt, pain, ache, grieve

weh *interj.* alas!

bas Weib (-er) woman, wife; creature

weich *adj.* soft, tender, comfortable

bie Weichjel [river] Vistula

bie Weihnachten *pl.* Christmas

ber Weihnachtsabenb (-e) Christmas Eve

ber Weihnachtsbaum (-̈e) Christmas-tree

bie Weihnachtsglocke (-n) Christmas-chime

bas Weihnachtslieb (-er) Christmas-song

ber Weihnachtstag (-e) Christmas-day

weil *conj.* because, since

bie Weile space of time, while, spell

weinen *intr.* weep, cry

die Weintraube (-n) bunch of grapes

die Weise (-n) way, manner; auf diese Weise in this way

weise *adj.* wise; der Weise wise man

weiß *pres. of* wissen

weiß *adj.* white

weit *adj.* wide, broad, open, spacious, far

weiter *adv.* further, farther, on, forth; [with verbs weiter is often best rendered by *continue to*] er arbeitete weiter he continued to work; *interj.* go on! proceed!; also weiter but, to continue; ohne Weiteres without ceremony, without more ado

welcher (welche, welches) *interr. and rel. pron.* which, what, who, that which, whichever, whatever; welches, welche some, any

die Welt (-en) world, earth; was in aller Welt what in the wide world; um alles in der Welt! for heaven's sake!

wem *dat. of* wer

wenden (wandte *or* wendete, gewandt *or* gewendet) *tr., intr. and refl.* turn, change

wenig *adj.* little, few

weniger *compar. of* wenig less, minus

wenigstens *adv.* at least

wenn *conj.* whenever, if, when; wenn auch even if

wer *interr. and rel. pron.* who, he who, the one who, somebody; wer auch whoever

werden (ich werde, du wirst, er wird, wir werden, ihr werdet, sie werden; warb *or* wurde, geworden) *intr.* sein become, grow, get; *pass. aux.* shall, will; was wird aus ihm werden what is going to become of him?

werfen (i, a, o) *tr.* throw, cast, hurl

das Werk (-e) work

die Werkstatt workshop

der Werktag (-e) working-day

wert *adj.* worth, worthy, valued

wessen *gen. of interr. pron.* wer

die Weste (-n) waistcoat, vest

der Westen west

das Wetter weather

der Wettlauf (-e) foot-race, track-event

wichtig *adj.* weighty, important

wie *adv. and conj.* how, what, as, as if, like, just as, the moment that

wieder *adv.* again, anew, a second time; wieder andere still others

wiederho'len *tr.* repeat

wiegen (o, o) *intr.* weigh

Wiener *indecl. adj.* Viennese

die Wienerwurst (-e) Vienna-sausage, wienerwurst

die Wiese (-n) meadow

wieviel' *interr. pron.* how much, how many; der wievielte ist heute? what day of the month is it?

wild *adj.* wild, defiant, untamed, fierce

will *pres. of* wollen

der Wind (-e) wind

winden (a, u) *tr.* wind, bind

windig *adj.* windy

der Winkel (—) angle, corner, nook

winken *intr.* wink, beckon, make a sign, wave, nod

der Winter (—) winter

der Winteranzug (⸗e) winter-suit

der Wintersanfang (⸗e) beginning of winter

das Winterende (-s, -n) end of winter

der Winterüberzieher (—) winter-overcoat

wir (unser, uns, uns) *pers. pron.* we

wird *3d sg. pres. of* werden

wirft *3d sg. pres. of* werfen

wirklich *adv.* really, actually

wissen (ich weiß, du weißt, er weiß, wir wissen, ihr wißt, sie wissen; wußte, gewußt) *intr.* know; er wußte nicht aus noch ein he was at his wit's end; wissen Sie! oh, say!; weißt du was! let me tell you something!; wer kann es wissen who can tell

wo *adv. and conj.* where, when, wherever, since

die Woche (-n) week; eine Woche lang for a whole week; einmal die Woche once a week

wodurch' *adv.* in what way, by what

woher' *adv.* whence, from what source

wohin' *adv.* where to, wherever

wohl *adv.* well, comfortable; perhaps, probably, I wonder, I suppose, do you suppose, I dare say, it is true

das Wohlgefallen satisfaction, good-will

der Wohltäter (—) benefactor

wohnen *intr.* dwell, live

die Wohnstube (-n) living-room, sitting-room

die Wohnung (-en) dwelling, resi-dence

das Wohnzimmer (—) sitting-room

die Wolke (-n) cloud

die Wolle (-n) wool

wollen *adj.* woolen

wollen (ich will, du willst, er will, wir wollen, ihr wollt, sie wollen; wollte, gewollt) *mod. aux.* will, desire, want, propose; intend, mean, be about to, be going to, claim to, want to go, be on the point of

womit' *adv.* with which, in what, wherewith, with what; womit kann ich dienen? what service may I be to you?

wonach' *adv.* after what, for what

woran' *adv.* whereon, by what, of what, whereat

worauf' *adv.* for what, on what, whereupon

woraus' *adv.* from what, out of what, out of which, whence

worin' *adv.* wherein, in what

das Wort word; *pl.* Wörter [un-connected or detached words] *and* Worte [connected or co-herent words]; zu Wort kom-men find utterance

worü'ber *adv.* whereupon, over which, about what

worun'ter *adv.* under what

wovon' *adv.* of which, of what, about which

wovor' *adv.* at what, before what

wozu' *adv.* for what purpose, why, what for

wuchs *pret. of* wachsen

wunderbar *adj.* wonderful

wundern *refl.* wonder, be amazed

der Wunsch (⸚e) wish, desire

wünschen *intr.* wish, want, desire; ließ nichts zu wünschen übrig was simply perfect

wurde *pret. of* werden

der Wurm (⸚er) worm

die Wurst (⸚e) sausage

die Wurzel (–n) root; *colloq.* gelbe Rübe carrot

wusch *pret. of* waschen

wußte *pret. of* wissen

X

z-beinig *adj.* knock-kneed

die X-Strahlen *pl.* X-rays

Z

die Zahl (–en) number

zahlen *intr.* pay

zählen *tr.* count, number; boast of

der Zahn (⸚e) tooth

die Zahnbürfte (–n) tooth-brush

das Zahnpulver (—) tooth-powder

zärtlich *adj.* tender, fond

z. B. *abbrev. of* zum Beispiel for instance

die Zehe (–n) toe

zehn *num.* ten; halb zehn half-past nine

der Zehnmarkschein (–e) ten-mark banknote

das Zehnmarkstück (–e) ten-mark piece [$2.40]

die Zehnpfennigmarke (–n) ten-pfennig stamp

das Zehnpfennigstück (–e) ten-pfennig piece

das Zeichen (—) signal

zeichnen *tr.* draw; *infin. as noun* drawing

zeigen *tr.* show, exhibit; *intr.* point out; *w.* auf point at, point to; *refl.* appear in public

der Zeiger (—) hand [of a clock]

die Zeit (–en) time, hour; zur Zeit in the time; vor alten Zeiten many, many years ago; die höchste Zeit high time; du liebe Zeit! good gracious!

die Zeitung (–en) newspaper

der Zeitungsträger (—) newsboy

der *and das* Zement' (–e) cement

das *and der* Zentimeter (—) centimeter [⅖ inch]

Zeppelin' Count Zeppelin [inventor of the dirigible balloon]

zerbre'chen (i, a, o) *tr.* break to pieces, shatter, smash

zerrei'ßen (zerriß, zerriffen) *tr.* tear, wear out

ber Bettel (—) slip [of paper]

bas Beug (-e) material, stuff; cloth, clothes

bas Beugnis (-fe) testimony, certificate, reference

ziehen (zog, gezogen) *tr.* draw, raise, pull, take; *intr.* fein move, go, sweep, pass; es zieht furchtbar there's an awful draught

ziemlich *adv.* rather, pretty, tolerably, fairly

bie Biffer (-n) figure, numeral

bas Bifferblatt (-er) dial, face [of a clock]

bie Bigaret'te (-n) cigarette

bie Bigar're (-n) cigar

ber Bigar'renhändler (—) cigar-dealer

bas Bimmer (—) room

bas Bimmermädchen (—) chambermaid

ber Bins (-es, -en) interest [money]

ber Binseszins (-es, -en) compound-interest

ber Birkus (— *and* -fe) circus

ber Bitro'nenbaum (-e) lemon-tree

zittern *intr.* tremble

zog *pret. of* ziehen

bas Bollgefeß (-e) tariff-law

bie Boologie' zoology

zoolo'gifch *adj.* zoological

zornig *adj.* angry

zu *prep. w. dat. and sep. pref.* to, at, by, for, too, closed, up, shut

zucken *intr.* quiver, flash

ber Buder sugar

bie Buderbofe (-n) sugar-bowl

bie Buderzange sugar-tongs

zuerft' *adv.* at first, first of all, first

zufällig *adv.* by chance, as it happened

zufrie'ben *adj.* content, satisfied

zufrie'benftellenb *adj.* satisfactory

ber Bug (-e) pull, move; gasp; draught; trait, feature, expression; train

ber Bügel (—) rein

ber Bugführer (—) conductor

zugleich' *adv.* at the same time

zu'-hören *intr.* listen

zuleßt' *adv.* at last, last of all

zu'-löten *tr.* solder up

zum *contr. of* zu bem

zu'-machen *tr.* close, shut

bas Bündholz (-er) match

zu'-nehmen (nimmt, nahm, genommen) *tr.* take on, increase

bie Bunge (-n) tongue

zur *contr. of* zu ber

zurüd' *adv. and sep. pref.* back, behind

zurüd'-fahren (ä, u, a) *intr.* fein go back

zurüd'-halten (ä, ie, a) *tr.* restrain, prevent

zurüd'-kommen (kam, gekommen) *intr.* fein return

zurüd'-legen *refl.* lie back

zufam'men *adv. and sep. pref.* together

zufam'men-kommen (kam, gekommen) *intr.* fein assemble, gather

zufam'men-nähen *tr.* sew together

zu'-ſchauen *intr. w. dat.* watch, witness

der Zuſchauer (—) spectator

der Zuſchauerraum (-̈e) auditorium

zu'-ſchlagen (ū, u, a) *tr.* slam shut

zu'-ſchließen (ſchloß, geſchloſſen) *tr.* close, lock

zu'-ſchneiden (ſchnitt, geſchnitten) *tr.* cut out

zu'-ſehen (ie, a, e) *intr.* look on

zuviel' *adv.* too much

zuvor' *adv.* before, previously

zuwei'len *adv.* sometimes, now and then

zwanzig *num.* twenty

der Zwanzigmarkſchein (-e) twenty-mark banknote

das Zwanzigmarkſtück (-e) twenty-mark piece [$4.80]

das Zwanzigpfennigſtück (-e) twenty-pfennig piece

zwar *adv.* indeed, certainly, it is true, to be sure

zwei *num.* two

der Zweifel (—) doubt

der Zweig (-e) twig, branch

zweimal *adv.* twice; two portions of

das Zweimarkſtück (-e) two-mark piece [$0.48]

die Zweipfennigmarke (-n) two-pfennig stamp

das Zweipfennigſtück (-e) two-pfennig piece [½ cent]

das Zweirad (-̈er) bicycle

zweit *num.* second

zweitauſend *num.* two thousand

zweitens *adv.* secondly

zweiundfünfzig *num.* fifty-two

zweiundzwanzig *num.* twenty-two

die Zwetſche (-n) damson plum

die Zwiebel (-n) onion

zwiſchen *prep. w. dat. and acc.* between

zwölf *num.* twelve

der Zylinder (—) silk-hat

GERMAN GRAMMARS

Bierwirth's Beginning German. By H. C. BIERWIRTH of Harvard University. 90 cents.

—— **Elements of German.** By H. C. BIERWIRTH. $1.25.

Gohdes and Buschek's Sprach- und Lesebuch. By W. H. GOHDES of the Horace Mann High School, New York City, and H. A. BUSCHEK of the Brooklyn Polytechnic Preparatory School. $1.00.

Howe's First German Book. By GEORGE M. HOWE of Colorado College. 90 cents. ..

Otis's Elementary German Grammar. Eighth edition, thoroughly revised and provided with new exercises, by W. H. CARRUTH of Stanford University. 90 cents.

Prokosch's Introduction to German. By EDUARD PROKOSCH of the University of Texas. $1.15.

—— **German for Beginners.** By EDUARD PROKOSCH. $1.00.

Spanhoofd's Das Wesentliche der deutschen Grammatik. By A. W. SPANHOOFD, Director of German in the Washington (D. C.) High Schools. 75 cents.

Thomas's Practical German Grammar. By CALVIN THOMAS of Columbia University. $1.25. *Supplementary or Alternative Exercises.* By WILLIAM A. HERVEY. 25 cents.

Vos's Essentials of German. By B. J. Vos of Indiana University. 90 cents.

—— **Concise German Grammar.** By B. J. Vos. (*In press.*)

Whitney's Compendious German Grammar. By WILLIAM D. WHITNEY. *Revised.* $1.30. *Supplementary or Alternative Exercises.* By ROBERT N. CORWIN of Yale University. 25 cents.

—— **Brief German Grammar.** By WILLIAM D. WHITNEY. *Revised and enlarged.* 75 cents.

GERMAN READERS

Allen's Herein! By P. S. ALLEN of the University of Chicago. 70 cents.

—— **Daheim.** By P. S. ALLEN. 70 cents.

—— **German Life.** By P. S. ALLEN. (*In press.*)

Harris's German Reader. By CHARLES HARRIS of Adelbert College. $1.00.

Nichols's Easy German Reader. By A. B. NICHOLS. 40 cents.

Prokosch's Lese- und Übungsbuch. By EDUARD PROKOSCH of the University of Texas. 50 cents.

Schrakamp's Das deutsche Buch für Anfänger. By JOSEPHA SCHRAKAMP. *Revised.* 75 cents.

Thomas and Hervey's German Reader and Theme-book. By CALVIN THOMAS and WILLIAM A. HERVEY of Columbia University. $1.00.

HENRY HOLT AND COMPANY ³⁴ WEST 33RD ST. NEW YORK

GERMAN READERS—(Continued)

Tuckerman's Am Anfang. By JULIUS TUCKERMAN of the Central High School, Springfield, Mass. 50 cents.

Whitney's Introductory German Reader. By W. D. WHITNEY and MARIAN P. WHITNEY. $1.00.

GERMAN COMPOSITION AND CONVERSATION

Allen's First German Composition. By P. S. ALLEN of the University of Chicago. 90 cents.

Allen and Phillipson's Easy German Conversation. By P. S. ALLEN and P. H. PHILLIPSON of the University of Chicago. 90 cents.

Boezinger's Mündliche und Schriftliche Übungen. By BRUNO BOEZINGER of Stanford University. 75 cents.

Bronson's Colloquial German. With a summary of grammar. By T. B. BRONSON of the Lawrenceville School. 75 cents.

Jagemann's Materials for German Prose Composition. By H. C. G. VON JAGEMANN of Harvard. 90 cents.

—— **Elements of German Syntax.** With special reference to translations from English into German. By H. C. G. VON JAGEMANN of Harvard. 90 cents.

Jagemann and Poll's Materials for German Prose Composition. By MAX POLL of the University of Cincinnati. With the vocabulary to JAGEMANN's *Materials for German Prose Composition.* 90 cents.

Pope's German Composition. By PAUL R. POPE of Cornell University. 90 cents.

—— **Writing and Speaking German.** By P. R. POPE. 90 cents.

Prokosch and Purin's Konversations- und Lesebuch. By EDUARD PROKOSCH of the University of Texas, and C. M. PURIN of the University of Wisconsin. (*In press.*)

Schrakamp's Exercises in Conversational German. By JOSEPHA SCHRAKAMP. 55 cents.

Vos's Materials for German Conversation. By B. J. VOS of Indiana University. 75 cents.

Wenckebach's German Composition based on Humorous Stories. By CARLA WENCKEBACH, late of Wellesley College. $1.00.

Whitney and Stroebe's Advanced German Composition. By M. P. WHITNEY and L. L. STROEBE of Vassar College. 90 cents.

—— **Easy German Composition.** By M. P. WHITNEY and L. L. STROEBE. 90 cents.

HENRY HOLT AND COMPANY 34 WEST 33RD ST. NEW YORK

CPSIA information can be obtained
at www.ICGtesting.com
Printed in the USA
BVHW04s1556220818
525317BV00009B/96/P